아이 마음을 다 안다는 착각

※이 책의 사례에 등장하는 아이들의 이름은 개인 정보 보호를 위해 모두 가명으로 처리했고, 전체 흐름을 왜곡하지 않는 범위에서 일부 내용을 각색했다.
※이 책에서 언급되는 나이는 모두 '만 나이'이다.

아이 마음을
다 안다는
착각

문제 행동 뒤에 가려진
간절한 마음신호를
알아채는 법

천근아 지음

위즈덤하우스

> 프롤로그

"오늘도 아이의 신호를 놓치고 만 부모에게"

"선생님, 우리 아이가 괜찮아질 수 있을까요?"

진료실에서 수많은 부모들은 간절한 마음을 담아 나에게 이러한 질문을 한다. 아이가 정신과 진료를 받을 때 부모가 느끼는 절망과 억울함, 자책, 슬픔 등의 복잡한 감정 속에서도 부모들은, 부모이기에 '희망'을 찾고자 애쓴다.

수많은 이유로 또는 알 수 없는 원인에 의해 아이들은 정신장애를 겪기도 하고, '문제 행동'으로 마음을 표현하기도 한다. 그러나 아이의 '문제 행동'은 아이 자체의 잘못이 아닌 아이 마음의 '위험 신호'로 보아야 한다. 아이가 화가 나서, 불안해서, 외로워서, 그래서 도와달라고 부모에게 보내는 간절한 신호이기 때문이다. 그러하기에 나는 부모들에게 아이가 '문제 행동'을 통해 어떤 신호를 보내고 있는지 파악해야 한다고 강조한다. 부모가 아이의 신호에 신속하게 반응하고 적절하게 대처한다면, 아이는 부모를 신뢰하게 되고 마음도 점차 안정된다. 더불어 아이의 '문제 행동'은 시간이 지날수록 분명히 줄어든다. 아이에게 부모는 이 세상에서 가장 '큰 세상'이자 '안전기지'이다. 부모라는 연료를 통해 아이는 성장하고 낯선 세상을 탐험할 용기를 얻는다. 특히 영유아기, 아동기에는 부모의 사랑과 믿음을 충분히 온전하게 느낄 수 있어야 한다.

한편, 어떠한 정신장애는 환경과 뚜렷한 인과관계 없이 생겨나기도 한다. 자폐스펙트럼장애, 주의력결핍과잉행동장애(ADHD)와 같은 신경발달장애 등이 그러하다. 아이가 이와 같은 장애를 지닌 것을 알게 될 때, 많은 부모들은 크게 자책한다. 임신 중에 먹은 약이나 부부간의 잦은 다툼, 아이와 충분히 교감하지 않아서 등등. 아픔의 화살을 스스로에게 돌리는 것이다. 그러나 사실 이러한 장애들은 대개 부모의 잘못과는 관련이 없다. 그러므로 자책을 멈추고 우리 아이를 부모로서 어떻게 더 잘 돌보고 교육할 수 있을지에 대해 집중해야 한다. 부모가 흔들리지 않는다면, 아이는 분명 그 아이만의 모양과 빛깔을 만들며 아름답게 자랄 것이다.

오늘날, 수많은 부모들이 아이의 심리, 정신 건강에 대해 걱정하고 불안해한다. 불안함을 달래고자 인터넷 검색창을 두드리기도 하고, 유튜브나 맘카페에서 염려되는 증상의 정보를 찾아보기도 한다. 온라인상에는 물론 유용한 정보도 있지만 일명 '카더라' 식의 터무니없는 말들 또한 많기 때문에, 관련 정보를 지나치게 맹신해서는 안 된다. 안타깝게도 잘못된 정보에 현혹되어 정작 아이가 보내는 '간절한 마음의 신호'를 놓치는 부모들이 많다.

이 책에는 27년 동안 진료실에서 만난 아이들에 대한 기록을 담았다. 소아청소년 정신장애에 대한 주요 증상을 다루고 있어서, 관련 장애를 지닌 아이들의 부모뿐만 아니라 자녀의 발달과 정신 건강에 관심이 높은 부모에게도 도움이 될 것이라 생각한다. 아울러 해결되지 않은 어린 시절 문제로 여전히 고통받고 있는 성인들에게도,

자신을 이해하고 스스로 통찰하는 데 도움이 될 것이다.

　아이는 이해받았다고 느낄 때 비로소 변한다. 더 이상 '문제 행동'을 동원할 필요가 없어졌기 때문이다. 아이를 향한 어른들의 돋보기가 겉으로 드러나는 '문제 행동'이 아닌 '아이의 마음'에 비춰지길, 그리고 지혜롭고 따스한 손길로 그 마음을 어루만질 수 있길 바란다.

2022년 10월 첫날
천근아

프롤로그
"오늘도 아이의 신호를 놓치고 만 부모에게" • 4

PART 1
절대 놓쳐선 안 되는 아이의 신호
"아이는 언제나 부모에게 신호를 보낸다"

01. 아이의 마음은 말과 행동으로 나타난다 • 17
아이의 행동에 '어느 날 갑자기'는 없다 | 말과 행동에 숨겨진 간절한 신호 | 분노하는 아이가 분노하지 않는 아이보다 건강한 이유 | 아이가 자기감정을 말로 정확하게 표현하도록 | 사실은 사랑받고 싶다는 신호

02. 아이가 부모에게 간절히 바라는 것 • 28
본래 그대로도 충분히 빛나고 있는 아이들 | 아이의 고민을 충분히 인정해줄 것 | 부모의 비언어적 메시지로도 상처받는다 | 옳은 말만으로는 아이를 변화시킬 수 없다 | 아이는 부모가 믿는 대로 자란다

03. 부모의 민감하고 일관된 반응이 반드시 필요할 때 • 38
아이의 신호에 반응하는 세 가지 기본 원칙 | 부모가 꼭 알아야 할 아이의 신호 | 해야 할 행동을 하지 않는 것으로 신호하는 경우 | 하지 말아야 할 행동을 하는 것으로 신호하는 경우 | 그 밖의 방식으로 신호하는 경우 | 부모가 지켜야 할 반응의 대원칙

04. 아이는 부모라는 세상에서 연료를 채운다 • 56
부모는 아이의 가장 큰 세상이자 안전기지 | 끝까지 아이의 편에서 아이를 지지해줄 사람 | 아이의 연료를 보충해주는 방법 | 부모의 행복을 보고 자라는 아이들 | 완벽한 부모는 존재하지 않는다

PART 2
우리 아이 마음 아프지 않게, 부모 마음 더 슬프지 않게
"아이가 보내는 다양한 위험 신호들"

(1) 해야 할 행동을 하지 않는 것

01. 가족이 아니면 말을 안 하려는 아이 : 선택적 함구증 • 71
침묵을 무기로 삼은 아이 | 불안은 말하고 싶어도 말할 수 없게 만든다 | 침묵 속으로 도망칠 수밖에 없는 이유 | 부모가 아이 대신 말해주지 않기

02. 아이가 산만해서 끝까지 마무리하는 게 없다면 • 82
: 주의력결핍과잉행동장애 1 (ADHD)
부주의, 과잉 행동, 충동성을 일으키는 신경발달장애 | ADHD 아이의 집중력 | 레오나르도 다빈치의 ADHD | 산만한 충동적 행동에 가려지는 아이의 강점

03. 성인이 되어도 ADHD가 의심되는 경우 • 92
: 주의력결핍과잉행동장애 2
성인이 ADHD임을 자각할 때 | 성적 좋은 아이의 ADHD는 감춰진다 | 성인기 ADHD를 반드시 치료해야 하는 이유 | 부정적 자아상을 개선하는 것부터

04. 남들 앞에 서면 몸이 굳는 아이 : 무대 공포증 • 102
남들 앞에 혼자 서야 하는 두려움 | 죽음보다 더한 공포 | 실수 없이 완벽해야 한다는 압박감 | 비합리적인 생각의 고리를 끊어라

05. 밤중에 일어나는 수면문제에 대해 : 몽유병과 야경증 • 112
자면서 돌아다니기 시작한 아이 | 렘수면과 비렘수면의 기능 | 아이가 충분히 자지 못하면 | 수면을 잘 취할 수 있는 환경 조성이 중요하다

06. 아이가 외모 스트레스로 식사를 거부한다면 : 신경성 식욕부진증 • 121
아이와의 밥상머리 전쟁 | 자기 외모에 대한 아이의 왜곡된 인식 | 아이가 보내는 작지만 중요한 위험 신호들 | 음식을 앞에 두고 아이와 갈등하지 말 것

(2) 하지 말아야 할 행동을 하는 것

07. 매사에 부모에게 공격적으로 대드는 아이 : 적대적 반항장애 • 132
엄마를 때리는 아이 | 아이의 분노가 시작된 이유 | 아이의 까다로운 기질과 적대적 반항장애 | 잘못된 보상이 아이의 공격적인 반항을 강화한다 | 부모가 자신을 사랑한다는 확신이 들도록

08. 폭력 없이 효과적으로 훈육하는 법 : 아동 학대 문제 • 144
대물림되는 아동 학대 | 아동 학대가 주로 일어나는 곳은 '집' | 아동 학대는 정당화될 수 없다 | 폭력 없이 효과적으로 훈육하는 방법

09. 잔인한 행동을 서슴없이 한다면 : 품행장애 • 153
고양이를 일부러 떨어뜨린 아이 | 반사회적 인격장애와 사이코패스 | 어떤 질환보다 예방과 치료가 중요하다

10. 게임에 지나치게 집착하는 아이 : 인터넷 게임 장애 • 164
아이가 인터넷 게임을 하는 이유 | 게임 중독도 질병이다 | 스스로 게임 중독에서 벗어나도록

11. 트라우마에 빠진 아이가 회복하려면 : 외상후스트레스장애(PTSD) • 173
아빠 인형으로 엄마 인형을 쓰러트리는 아이 | 아이는 가정 폭력을 다 알고 있다 | 폭력을 목격한 아이에게 일어나는 일 | 정신적 외상을 극복하는 데 가장 중요한 것

12. **잘못된 생각에 사로잡혀 반복된 행동을 하는 아이 : 강박장애** • 184
    불안감을 줄이기 위한 반복 행동 | 쇠수저로 밥을 먹기 힘들어하는 아이 | 아이의 강박 대상에 악당 이름을 붙여라

13. **화날 때마다 보이는 아이의 이상 행동 : 모발뽑기장애** • 193
    머리카락을 자꾸 뽑는 아이 | 분노를 혼자 해소하기 위한 수단 | 아이는 자기 감정을 '말'로 표현할 수 있어야 한다 | 머리카락 뽑는 습관을 효과적으로 바꾸는 방법

14. **아이가 자기 몸에 상처를 낸다면 : 비자살성 자해** • 203
    아이는 살고 싶다는 신호도 같이 보낸다 | 자해와 자살 의도 | 블라우스에 가려진 아이의 자해 흔적 | 자기 몸에 상처를 내는 진짜 이유 | 건강한 해소 방법을 제안할 것

(3) 그 밖의 방식으로 보내는 아이의 신호

15. **머리 아프고 배 아픈 일이 잦아진 아이 : 신체증상장애** • 215
    의학적으로 설명되지 않는 두통을 호소하는 아이 | 아이가 스트레스를 표현하지 못하면 | 통증이 아이에게 가져다준 이득 | 힘들다고 솔직히 표현해도 안전하다

16. **반복해서 눈을 깜박이고 코를 킁킁대는 증상 : 틱장애** • 225
    갑작스럽게 찾아온 아이의 틱 증상 | 아이의 의지로 참을 수 있는 행동이 아니다 | 틱 행동 대신 다른 행동으로 전환할 것

17. 자동차만 그리는 아이 : 자폐스펙트럼장애 1 • 234
자신이 하고 싶은 것만 고집스레 하려는 아이 | 아스퍼거 증후군과 자폐스펙트럼장애 | 자폐스펙트럼장애는 엄마 때문이 아니다 | 자동차 디자이너가 된 자폐스펙트럼장애 아이

18. 지능이 정상이지만 '틀린 믿음 과제'에 실패한 아이 • 245
: 자폐스펙트럼장애 2

'틀린 믿음 과제'가 알려주는 것 | 두 돌에 숫자, 알파벳, 한글까지 읽는 아이 | 형제의 자폐스펙트럼장애 | 타인의 관점에서 생각하는 능력

19. 교우 관계에서 어려움을 겪는 경우 : 자폐스펙트럼장애 3 • 256
반 친구들이 다 싫다는 아이 | 따돌림당하기 쉬운 '교실 내 순경' | 아이가 좋아하는 일을 잘할 수 있도록

20. 잠을 안 자고 계속 뭔가를 하려고 한다면 : 아동기 조증 • 266
우주를 지배할 거라고 말하는 아이 | 과대 사고와 수면장애가 주요 증상 | 원인을 사춘기로 치부해서는 안 된다 | 아동기 조증을 위한 4단계 가족 중심 치료

에필로그
그럼에도 불구하고 아이는 잘 자랄 수 있습니다 • 276

PART I

절대 놓쳐선 안 되는
아이의 신호

"아이는 언제나 부모에게 신호를 보낸다"

 아이의 이야기를 먼저 처음부터 끝까지 들어줬다고 해도, 이것은 아이와 소통하는 것이라고 할 수 없다. 아이에 대한 이해를 바탕으로 아이에게 약이 되는 조언을 해준 것이라고 해도, 이것은 아이를 진정으로 이해해준 것이 아니다. 부모의 입장을 앞세운 훈계에 불과하다. 부모에게 이해받았다고 아이가 느낄 수 있어야 비로소 '이해'이다.
 아이의 곡해를 따지면서 부모의 입장을 이해시키려 하기보다는 아이가 이미 그렇게 받아들였다는 데 집중하고, 먼저 아이의 입장을 이해하려고 노력해야 한다. 물론 말처럼 쉽지 않다. 아이를 진정으로 이해해주는 데는 피나는 연습이 필요하다.

01
아이의 마음은
말과 행동으로 나타난다

아이의 모든 말과 행동에 '어느 날 그냥 갑자기'는 없다는 것을,
다 이유가 있다는 것을 부모는 먼저 인정해야 한다.

아이의 행동에 '어느 날 갑자기'는 없다

"착하고 순하던 아이가 갑자기 문제를 일으키기 시작했어요. 아이가 무슨 마음으로 저러는지 도무지 모르겠어요. 지금까지 알던 우리 아이가 아닌 것 같아요……."

지난 27년간 내 진료실을 찾은 부모들에게 가장 많이 들은 말은 바로 이런 것이다.

부모 말도 잘 듣고 자기 일도 스스로 알아서 하는 편이라 부모가 따로 입을 뗄 일이 별로 없었는데 아이가 돌변하여 짜증을 내면서 거칠게 말하고 행동하는 이유를 이해하기 어렵다고 말이다. 이런 아이의 모습은 부모 입장에서는 '어느 날 갑자기'일지 모르지만, 아이 입장에서는 결코 그렇지 않다.

그동안 아이는 알게 모르게 혼자서 해소하기 힘든 불만과 고민 등을 부모가 알아채고 도와주길 바라면서 작은 말과 행동들로 신호를 보냈을 것이다. 그 작은 신호들을 (아이가 보기에는) 부모가 자꾸만 모른 척 외면하니 강도를 높일 수밖에 없다. 그렇게 신호 강도를 높여야 부모가 자신을 겨우 바라봐주기 때문이다.

그런데 문제는 그런 지경에 이를 때까지 아이와 부모 사이에 불신과 감정의 골도 같이 깊어진다는 것이다. 더 큰 문제는 아이가 그런 모습을 보이는 이유를 알려고 하기보다, 당장 눈에 거슬리는 아이의 잘못된 말과 행동부터 (부모의 마음에 흡족하도록) 바로잡는 데 급급하다는 것이다.

하지만 그런 식으로는 분노하면서 거친 말과 행동으로 반항하는 아이를 조금도 바로잡을 수 없다. 아이의 분노에 부모가 감정을 앞세워 더 큰 분노로 혼내고 윽박지르는 것은 그 상황을 악화시킬 뿐이다. 아이가 겁을 먹어 당장은 반항하기를 멈출지라도 아이의 가슴 속 분노와 불만은 더욱 깊게 뿌리내려 언제든 다시 활활 타오를 수 있다.

아이의 모든 말과 행동에 '어느 날 그냥 갑자기'는 없다는 것을, 다 이유가 있다는 것을 부모는 먼저 인정해야 한다. 그 이유를 지금까지는 몰랐을지라도 이제라도 알고 싶다고 아이에게 적극적으로 전해야 한다. 세상에서 가장 사랑하는 내 아이를 도와주고 싶다는 부모의 진심이 전해지는 순간, 아이의 분노와 반항 아래에 숨겨진 순한 속마음을 부모가 공감해주는 순간, 아이는 진솔한 소통을 시작하면서 스스로 긍정적인 변화를 보여줄 것이다.

말과 행동에 숨겨진 간절한 신호

• • •

말할 줄 모르는 아기들은, 특히 백일 전의 아기들은 그저 울고 보채기만 한다. 그것이 자기 욕구를 표현하는 유일한 방법이고, 무엇보다 자기 몸이 불편하고 아프다는 것을 부모에게 알리는 유용한 수단이 바로 울음이기 때문이다. 아기들도 아무 이유 없이 그냥 울고 보채지 않는다.

이 시기에는 대부분의 부모들이 아기가 울고 보채면 왜 그러는지 그 이유를 얼른 알아내어 빨리 해결해주려고 최대한 노력한다. 아기와 끊임없이 눈을 맞추고 '말' 대신 다른 신호들로 소통하려고 정성을 쏟는다. 적극적인 노력 끝에, 아이의 울음에 신속하고 정확하게 반응해주는 부모들은 울음소리의 미묘한 차이만으로 아이에게 필요한 것이 무엇인지 알아챌 수 있게 된다.

아이가 말을 배우고 발달단계를 이행하면서 나이를 먹어갈수록 아이에 대한 기대가 높아지는 것과 반비례하여 부모의 이런 공감과 소통 에너지는 조금씩 줄어드는 것이 안타깝다. 이제 아이가 말할 줄 안다는 이유로 아이의 비언어적 신호를 간과하고, 아이의 말속에 숨겨진 진짜 마음에도 무심해진다. 그렇다고 아이가 하는 말에 제대로 귀 기울여주는 것도 아니다. 아이의 진지한 고민을 사소하고 하찮은 일로 가볍게 넘기기 일쑤이다.

그러나 늘 얘기하지만, 아이는 언제나 옳다. 아이가 보여주는 모든 말과 행동에는 아이의 입장에서 합당한 이유가 있고, 그 이유를 찾아내는 것은 부모를 비롯한 어른들의 몫이다. 부모가 감당하기 버거운 말과 행동에도 누군가의 도움이 필요해진 아이가 자기 나름의 방식으로 제발 좀 도와달라고 간절하게 신호하는 것이기 때문이다. 그 방식이 도무지 이해가 안 되고 몹시 마뜩하지 않을수록, 아이가 그만큼 아프고 힘들어 죽겠다고, 자신 좀 들여다봐달라고 필사적으로 신호하는 것임을 깨달아야 한다. 그래야 부모의 눈을 어둡게 가리는 아이에 대한 실망과 분노를 걷어내고 아이의 간절한 신호를 직시할 수 있다.

아이를 사랑하지 않는 부모는 없다. 아이가 힘들지 않기를 바라고 또 바란다. 그런데도 아이의 아픔을 제대로 이해해주는 부모는 드물다. 아이가 아프다고 힘들게 보내는 신호를 아이를 향한 관용과 포용으로 받아들이고 측은하게 바라보는 것이 그 이해의 시작이다.

아이의 언행이 마음에 안 든다면, 아이 때문에 속상하다면 아이를 탓하기 전에 먼저 아이의 입장이 되어보자. "아이가 왜 그랬을까?" 하고 자문해봤으면 좋겠다. 그렇게 세상에서 가장 가까운 사람인 부모가 아이의 마음과 감정에 공감해주는 것이 관계를 더 이상 악화시키지 않는 가장 효과적인 방법이고, 사랑과 신뢰를 굳건하게 회복하는 지름길이다.

분노하는 아이가 분노하지 않는 아이보다 건강한 이유

• • •

아이가 불만을 토로하면 부모는 머릿속이 복잡해지기 시작한다. 부모는 아이의 불만에 대해 반박할 논리를 어느 타이밍에 끼어들어 어떻게 알아듣도록 얘기해줄까 하는 생각이 앞서기 때문이다. 이런 태도는 부모가 입 밖으로 말을 꺼내기도 전에 아이에게 고스란히 전해진다. 이는 아이의 불만을 부정하는 것이고, 분노의 감정을 더욱 끓어오르게 하는 것이다.

그런데 그렇게 투덜거리거나 화내는 방식으로라도 아이가 자기감정을 표현해주면 참 고맙고 다행스러운 일이다. 문제는 어떤 표현도 하지 않으려 할 때 생긴다.

"아무 표현도 하지 않는다고 별생각이 없는 건 아니에요. 어른들의 반응이 뻔하니까 어떤 표현도 하고 싶지 않았을 뿐이에요."

내 진료실을 찾은 청소년들이 공통으로 하는 말이다.
그렇다면 아이가 자기감정을 자유롭게 표현하는 것이 왜 그토록 중요할까? 자신의 부정적 감정까지 솔직하게 드러낸다는 것은 아이의 자아가 그만큼 건강하다는 뜻이다. 누군가에게 분노했는데도 그것을 표출하여 투쟁하고 해결할 용기가 없는 아이는 그 분노의 화살을 자기 자신에게로 돌려서 우울증에 빠지고 절망감에 사로잡혀 도움을 요청할 의욕마저 잃게 된다. 그러므로 작은 감정이라도 그것이 부정적 감정이라면 더더욱 표현하고 그때그때 해결하도록 이끌어줘야 한다.

아이들이 스스로 표현을 잘했다고 느끼는 순간은 부모가 자신의 감정과 고민을 '뻔하게' 교정 대상으로만 여기며 부정하지 않고, '뻔하지 않게' 공감하고 인정해줄 때이다. 이런 경험은 한두 번으로 부족하다. 여러 번 반복해서 경험해야 불안과 두려움 없이 안전감 속에서 편안하게 표현할 수 있다.

부정적인 감정과 고민을 솔직하게 잘 표현하지 못하는 아이들에게는 부모가 실망하여 자신을 더 이상 사랑하지 않을지 모른다는 불안과 두려움이 내재되어 있다. 힘들다고 표현해도, 그것이 부정적인 언행으로 표출돼도 부모가 계속 자신을 사랑할 것이라는 믿음이 필요하다. 그러므로 부모와 아이의 관계가 굳건하고 안전하다는 믿음부터 쌓아야 한다.

아이가 자기감정을 말로 정확하게 표현하도록

• • •

거절하고 싶을 때 편하게 거절할 수 있고, 도움이 필요할 때 편하게 요청할 수 있으며, 화가 날 때 적절한 언어로 분노를 표출할 수 있는 사람은 정신이 건강한 사람이다. 자기감정을 표현해도 상대에게 받아들여질 것이라는 믿음과 자아 존중감이 굳건해야 가능한 일이기 때문이다. 그런 사람에게는 상대의 사랑을 잃을지 모른다는 두려움도, 상대의 진심을 시험하려는 불안도 없다.

아이가 그 같은 두려움과 불안 속에서 자기감정을 돌려서 드러내거나, 거짓으로 혹은 과장되게 표현하지 않고 말로 정확하게 표현할 수 있도록 이끌려면 먼저 아이의 어떤 말에도 귀 기울일 준비가 되어 있어야 한다. 아이는 부모가 자기 말에 귀 기울인다고 느낄 때 비로소 입을 열기 때문이다.

그런데 어렵게 드러난 아이의 진짜 감정 표현에 부모가 깜짝 놀라거나 기가 막혀한다면, 이런저런 핑계를 대며 아이의 말을 듣기 귀찮아한다면 아이는 간신히 열었던 입을 닫고, 거짓 감정을 표현하기 시작한다. 부모는 아이의 그러한 감정을 민감하게 알아채야 한다. 그리고 아이가 계속해서 그러한 감정을 표현하지 않아도 되는 따뜻하고 편안한 분위기를 만들어주어야 한다. 유순한 행동 뒤에, 희미한 웃음 뒤에, 굳게 다물어진 입술 사이에 숨겨진 분노, 짜증, 불안 같은 진짜 감정을 아이가 표현할 때까지 충분히 기다리고 격려해주면 격렬한 반항으로 거칠게 표출되는 감정까지 중화할 수 있다.

아이가 겉보기에 순응하는 것처럼 보인다고 마음을 놓아서는 안 된다. 거짓된 순응만큼 무서운 것이 없기 때문이다. 지금 당장은 아니더라도 나중에 한꺼번에 문제 행동으로 심각하게 폭발할 수도 있고, 의학적으로 설명되지 않는 갖가지 신체 증상으로 이어질 수도 있다.

내 진료실을 찾는 상당수가 자기감정을 잘 표현할 줄 몰라서 온몸으로 발산하는 아이들이다. 그렇게 제대로 표현되지 못한 채 출구 없이 억눌린 감정은 아이의 정신도 신체도 압박한다. 이 책의 2부에서는 그렇게 아프고 힘든 아이들의 사례에 대해 구체적으로 제시한다. 그 아이들이 지금까지 줄기차게 보내온 어떤 신호들을 부모가 놓치고 말았는지 돌아볼 수 있을 것이다.

그러니 아이가 이따금 분노, 짜증, 불안 등으로 마음속에 쌓아둔 감정을 보여줄 때마다 그것에 고마워하면서 적극적으로 반응하고 공감해주자. 감정을 표현하는 것은 부끄러운 일이 아니라 훌륭한 일임을 알려주는 것이다. 우리는 자기가 느끼는 감정에 아무런 책임이 없으니 부정적인 감정을 품더라도 괜찮다고, 그것을 창피해하지 않아도 된다고 이야기해주는 것이다.

아이의 작은 표현이라도 부모가 경청하기 시작하면 잘 표현하지 않던 아이는 어리광이 늘고 화도 자주 낼 수 있다. 부모 입장에서는 아이가 더 나빠지고 있는 것 같다며 하소연하기도 한다. 그러나 이렇게 일시적으로 아이가 퇴행하는 듯 과하게 표현하면서 공격적인 모습을 보이는 것은 마음의 고름이 터지고 있다는 것이다. 이 시기는 감정을 좀처럼 표현하지 못하고 억누르던 아이가 건강하게 감정을 표현할 줄 아는 아이로 성장하기 위해 꼭 필요한 과도기일 뿐이다. 그러므로 걱정할 게 아니라 반가워해야 할 신호이다.

사실은 사랑받고 싶다는 신호

• • •

아이들은 본능적으로 부모에게 사랑받고 싶은 욕구를 지니고 있다. 자신이 어떻게 행동할 때 부모가 기뻐하고 칭찬하는지 알기에, 진짜 감정은 숨긴 채 부모의 기대에 맞추려 하기도 한다.

하나도 힘들지 않다는 아이의 말, 즐거워하는 아이의 행동조차도 부모에게 칭찬받고 싶은 욕구가 숨겨져 있다. 또래에 비해 의젓해 보이는 애어른의 내면에 사실은 어떤 불안과 강박이 도사리고 있을지 모를 일이다. 아이는 어른이 아니므로 자연스러운 성장 단계에 맞게 아이다운 것이 가장 건강하다.

부모가 시키는 대로 잘하는 아이의 모습을 칭찬하기 시작하면 아이는 힘든 일이 생겨도 힘들다고 솔직하게 말하기를 두려워한다. 그러니 아이의 얼굴빛, 한숨, 자유롭게 감정을 표현하는 능력 등 아이의 작은 신호들을 부모가 세심히 살펴봐야 한다. 아이가 부모의 말에 토 달지 않고 순응하며 잘 따라온다고 그저 대견하게만 여기면 안 될 일이다.

"제발 나를 사랑해주세요!"로 귀결되는 욕구를 직접 말하지 않는 아이들은 이를 오히려 분노의 형태로 표출하기도 한다. 상대에 대한 분노는 사랑받고 싶은 욕구를 거절당한 데 대한 좌절의 표현 중 하나이기도 하다. 그런데 부모는 겉으로 드러나는 일부만 보고서 아이를 탓하고 혼낸다. "나는 사랑받고 싶어요!"라고 표현했는데 강한 처벌이 돌아오는 격이니 아이의 분노는 점점 더 눈덩이처럼 불어날 수밖에 없다.

아이의 분노 이면에 숨겨진 진짜 욕구와 두려움을 읽지 못하고 부모도 함께 아이에게 분노로 대응하면, '적대적 반항 장애*'로 악화될 수 있다.

어떻게든 사랑받고 싶어 하는 아이의 겉모습과 위장된 행동만 보고서 가볍게 추측하고 판단하지 말기를, 아이가 왜 그러는지 정확히 이해하려는 부모의 노력 자체가 절반의 성공을 가져온다.

★ 자주 흥분하고 쉽게 화내며, 어른들에게 따지기 좋아하고 규칙을 거부하며, 자기 잘못을 다른 사람 탓으로 돌리면서 악의적이고 보복적인 태도를 보이는 정도가 심각하고 지속적인 행동 장애

02
아이가 부모에게
간절히 바라는 것

부모가 자기 마음을 알아준다고 느끼지 못하면
아이는 부모의 말에 감동하지도 않고 이를 수용하지도 않는다.

본래 그대로도 충분히 빛나고 있는 아이들
• • •

많은 부모가 아이한테 별로 바라는 게 없다고 말한다. 그저 기본만 하면 된다고, 평범하게 지내는 것으로도 충분하다는 것이다. 하지만 어른이라면 이런 부모의 말이 얼마나 모순적인지 잘 안다. 말로만 쉬울 뿐, 기본을 갖추고 평범하게 지낸다는 것이 결코 쉬운 일이 아님을 그동안 살아오면서 절감했기 때문이다. 사실 별로 바라는 게 없다는 그 말에는 많은 것을 바란다는 부모의 기대가 무겁게 실려 있다. 아이들도 그것을 눈치채지 못할 리 없다.

또한 그 '기본'이라는 것은 아이가 타고난 모양과 상관없이 부모가 기대하는 틀이다. 세모 모양으로 태어난 아이를 별 모양의 틀에, 네모 모양으로 태어난 아이를 동그라미 모양의 틀에 끼워 맞추려 하면 타고난 형체도 알 수 없이 우그러지고 만다.

별 모양의 아이나 동그라미 모양의 아이만 빛나는 것이 아니다. 별 모양의 아이가 별 모양의 틀에서, 동그라미 모양의 아이가 동그라미 모양의 틀에서 빛나듯이 세모 모양의 아이는 세모 모양의 틀에서, 네모 모양의 아이는 네모 모양의 틀에서 가장 반짝반짝 빛난다.

그러므로 부모는 단지 아이가 생긴 모양에 맞는 틀만 제공해주려 노력하면 된다. 부모의 기대와 달라서 결점으로 비치는 아이의 특성들을 보완해 개선하려 들수록 문제는 더욱 불거진다. 누구든 변할 수 없는 근원적 특성에 대해 지적당하고 변화하기를 강요받으면 자존감에 상처를 입기 때문이다. 아이가 원하는 것은 그리 대단한 것이 아니다. 그저 자신이 생긴 그대로도 빛난다는 것을 부모가 인정하고 사랑해주길 바랄 뿐이다.

아이에게 바라는 것이 없다는 말 대신, 진심을 담아 이렇게 얘기해보자.

"네 존재 자체가 엄마, 아빠한테는 기쁨이야!"
아이와의 일상이 분명 달라질 것이다.

아이의 고민을 충분히 인정해줄 것

• • •

아이는 고민이 생기면 약하게든 강하게든, 부모에게 직접적으로든 간접적으로든 작은 신호들부터 보낸다. 아이의 표정이 어둡다거나, 말수가 줄어들었다거나, 부모의 모든 질문에 "몰라!"라고 툭툭거린다거나……. 그러면 그 신호들을 민감하게 알아채고, 아이가 무슨 이야기든 안심하고 꺼낼 수 있도록 '다른 무엇보다 아이가 우선인' 시간을 마련하여 진지하게 들어줘야 한다.

다만 아이들의 고민은 아이마다 각기 다르다. 그래도 제각각인 고민들을 관통하는 진실 한 가지가 있다. 무시해도 되거나 한심한 고민은 단 하나도 없다는 것이다. 어른의 입장에서는 고민거리로조차 보이지 않을지라도, 고민의 내용 자체가 도통 이해되지 않을지라도 말이다. 부모가 아이의 고민을 어떻게 여기든, 아이는 그 고민 때문에 지금 고통받고 있다는 것을 반드시 알아줘야 한다.

아이의 고민을 이해해주고, 충분히 공감하며 아이의 이야기에 귀를 열자. 이때 아이보다 높은 자리에서 아이의 고민에 대해 판단하고 평가하는 듯한 태도를 취하면 아이는 더 이상 말하기를 꺼릴 것이다. 누구든 함부로 평가당하면 얼어붙으면서 방어적으로 변하고 할 말을 잃게 되는 법이다. 어떤 고민을 얘기해도 부모가 자신을 한심하고 가소롭게 여기지 않을 것이라는 확신이 있어야 아이는 자기 이야기를 이어간다. 어떤 말도 무비판적으로 수용하는 자세, 아이의 고민을 함께 나누고 싶어 하는 자세, 아이가 도움을 필요로 하면 언제든 기꺼이 도와주겠다는 자세가 진심으로 전해져야 한다.

그렇다고 아이의 고민을 부모가 나서서 직접 해결해주라는 것이 아니다. 아이 스스로 그 고민을 넘어설 수 있는 힘을 키워주라는 이야기다. 아이에게 생긴 문제라면 어떤 문제도 한심하지 않다는 것과 더불어 세상의 모든 문제는 해결책을 찾을 수 있다고 격려해줘야 한다. 그러므로 아이 혼자서 해결책을 찾지 못한다면 도움을 구해야 한다고, 부모의 시선이 무서워 아무 말도 하지 않으면 정말로 그 고민은 영영 해결될 수 없다고 알려줘야 한다.

아이가 자기 고민을 꼭 부모에게 말해줘야 하는 것은 아니지만, 말하지 못한다는 것은 그만큼 불안하고 아이와 부모 사이에 신뢰가 쌓이지 않았다는 뜻이다. 자신을 괴롭히는 문제와 그로 인한 고통을 부모에게 제대로 표현할 수 있기만 해도 나의 진료실을 찾는 아이들은 현저히 줄어들 것이다.

부모에게 어떤 문제를 얘기해도 안전하다는 신뢰를 쌓는 길은 아이가 작은 신호를 보냈을 때 적극적으로 반응하면서 아이의 마음을 헤아리고 아이의 고민에 주의를 집중하는 것이다. 예컨대, 무슨 일을 하다가도 아이의 이야기부터 끝까지 들어주기 위해 일손을 멈추는 것은, 아이가 부모의 사랑을 느끼게 하는 가장 쉽고도 강력한 방법이다. 그 위력은 부모의 상상 이상이다.

부모의 비언어적 메시지로도 상처받는다

• • •

아이들은 부모가 항상 화를 낸다고 말한다. 그런데 부모들은 정작 아이에게 화를 낸 적이 별로 없다고 당황한다. 열 번을 참다가 한 번 크게 화냈을 뿐이라고 항변하지만, 아이에게는 그 한 번이 강렬하게 각인된다. 아이가 꼭 혼난 일이나 맞은 일 등 나쁜 일들을 특히 잘 기억하는 이유이다. 부모에게는 아이와의 좋은 기억도 많으므로 억울하겠지만, 아이도 어쩔 수 없다. 인간의 두뇌가 지닌 특성 때문이다. 부정적인 감정에 압도된 두뇌는 기억 시스템에 강력한 영향을 주어서 나쁜 일을 더욱 오래도록 저장하게 만든다.

그런데 같은 사건에 대해 아이가 기억하는 내용과 부모가 기억하는 내용이 다른 경우가 또 있다. 부모가 아이를 비꼬았거나 무시했다고 여길 때, 아이에게 소리를 지르며 누구의 기억이 옳은지 가리는 것은 전혀 중요하지 않다. 왜곡된 기억일지라도 아이가 이미 그렇게 느끼고 상처를 받았다는 것이 중요하다. 부모의 의도는 그게 아니지만, 아이가 그렇게 느낄 수 있다는 데 진심으로 공감하고 사과하면서 아이의 마음이 더 다치지 않도록 보듬어주는 일이 먼저이다.

게다가 부모는 강력히 부정할 수도 있겠지만, 부모의 마음속에는 아이를 한심하게 여기는 속내가 조금이라도 있었을 것이다. 부모가 스스로 자신의 마음을 들여다본다면 답이 나올 것이다. 아이는 부모가 따로 말하지 않아도 부모의 표정, 한숨, 어조, 몸짓, 손짓 같은 비언어적 메시지로 부모의 실망과 체념과 포기를 온몸으로 느낀다. 부모가 기억하지 못하는 것을 아이는 강렬하게 기억하는 이유이다.

아이는 부모의 비언어적 메시지에 상처를 받아 기억 깊숙한 곳에 오래 간직하면서 두고두고 덧나고 곪는다는 것을 명심해야 한다. 아이의 변화를 기대하기 전에 아이를 대하는 부모부터 자기 태도를 점검하고 변화해야 한다. 그 변화는 전문가의 조언으로도 이루어지지 않는다. 부모 자신의 노력을 바탕으로 가능하다.

옳은 말만으로는 아이를 변화시킬 수 없다

● ● ●

부모들은 아이의 표현을 알게 모르게 억압하는 경향이 있다.

"언제 철들래?"

"어디서 버릇없이 말대답이야!"

이런 말들뿐만 아니라 다음과 같은 말들도 간신히 열린 아이의 말문을 막아버린다.

"자, 이제 네 이야기를 다 들었으니 엄마(혹은 아빠)의 이야기를 들어봐. 그게 아니라 엄마가 하는 말부터 잘 들어보라니까."

"그렇게 생각하면 안 되지. 네가 잘못 생각하는 거야."

"말을 잘 듣네. 그래야 착하지."

아이의 이야기를 먼저 처음부터 끝까지 들어줬다고 해도, 이것은 아이와 소통하는 것이라고 할 수 없다. 아이에 대한 이해를 바탕으로 약이 되는 조언을 해준 것이라고 해도, 이것은 아이를 진정으로 이해해준 것이 아니다. 부모의 입장을 앞세운 훈계에 불과하다. 부모에게 이해받았다고 아이가 느낄 수 있어야 비로소 '이해'이다.

옳고 바른 이야기로는 아이를 감동시킬 수도, 움직일 수도 없다. 사람의 마음을 움직이는 것은 논리적이고 효율적인 말이 아니라 진심 어린 정서적 교감이기 때문이다. 부모가 자기 마음을 알아준다고 느끼지 못하면 아이는 부모의 말에 감동하지도 않고 이를 수용하지도 않는다. 공감을 받는다는 느낌 없이는 자신을 간섭하면서 통제하는 것이라고 여기기 때문이다.

부모의 입장과 아이의 입장은 천지 차이다. 부모의 작은 조언에도 아이는 "내가 알아서 할게" 혹은 "내 생각은 다른데?" 같은 말을 자주 하곤 한다. 부모는 아이가 반항한다고 느끼고 이를 더욱 교정해주고 싶어지지만, 그럴수록 아이와의 대화는 단절된다.

아이의 곡해를 따지면서 부모의 입장을 이해시키려 하기보다는 아이가 이미 그렇게 받아들였다는 데 집중하고, 먼저 아이의 입장을 이해하려고 노력해야 한다. 물론 말처럼 쉽지 않다. 아이를 진정으로 이해해주는 데는 피나는 연습이 필요하다.

아이는 부모가 믿는 대로 자란다

● ● ●

"아이를 믿어주세요."

진료 현장에서 내가 부모들에게 가장 많이 하는 말이다. 아이의 입장에서 이해하고 아이를 믿어달라고 하면 부모들은 "아이가 잘못되어가는 것이 빤하게 보이는데도 아이가 하는 대로 두고 보기만 하라는 이야기인가요? 어떻게 아이가 해달라는 대로 다 해줄 수 있나요?"라고 짙은 의구심을 표현한다. 이는 공감과 관용을 무조건적인 허용으로 혼동하는 것이다. 마냥 허용적인 부모의 태도는 오히려 아이를 망친다. 아이의 마음을 이해하되 가정 내에 명확한 규칙이 있고, 아이의 행동에도 책임이 따르게 해야 하며, 결정권은 부모가 가져야 한다.

"아이를 용서하세요."

이 역시 내가 진료 현장에서 부모들에게 자주 하는 말이다. 아이를 믿고서 아이의 잘못을 용서해달라고 하면 아이가 부모의 관용을 이용해서 부모의 머리 꼭대기 위에 올라서려 할까 봐 지레 걱정하는 부모도 상당히 많다. 두 경우 모두 아이를 못 믿는다는 뜻이다. 부모의 불안과 두려움 때문이다.

그러나 아이들에게도 바르게 행동하고 싶은 마음은 늘 있고, 어떤 행동이 바른 행동인지 이미 다 알고 있다. 다만 아이들의 두뇌는 정서 조절과 문제 해결력을 담당하는 뇌 기능이 아직 충분히 발달하지 못했기에, 스스로도 정리가 안 되고 변덕스러울 수 있다. 아이가 계속 고집을 부리면서 분노한다는 것은 그러면 안 된다는 것을 알면서도 뭔가에 계속 화가 난다는 표현이다.

아이는 부모가 '믿는 대로' 자라는 법이다. 그저 아이의 말을 충분히 들어주기만 하는 것으로도 자신이 알아서 문제를 해결하는 경우가 많다. 자기 문제를 부모에게 말하는 동안 스스로 그 문제에 대해 정리하고 해결의 동기부여까지 얻는 기회를 아이에게 제공하는 셈이기 때문이다. 진짜 문제는 아이에게 생긴 문제가 아니다. 아이가 어떤 문제로 고민할 때, 부모가 먼저 불안해져서 이를 해결해줘야 한다는 강박, 그것도 최대한 빨리 해결해줘야 한다는 조급증에 휩싸이는데 그게 진짜 문제이다. 이는 아이가 스스로 해결하고 극복하지 못할 것이라는 불신이 그 바탕에 깔려 있기 때문이다. 아이의 문제보다 아이에 대한 부모의 깊은 불신부터 해결해야 한다.

"네가 믿을 만하게 행동했어야 내가 믿지. 할 말 있으면 해봐!" 혹은 "네가 정말로 그랬다고?"라는 불신과 의심의 눈길은 아이의 입과 귀를 닫게 할 뿐만 아니라 "왜 항상 그런 식으로 나를 못 믿어?"라고 간신히 항변하는 아이에게 '부모조차 믿어주지 않는데 내가 어떻게 해내겠어? 나는 해내지 못할 거야. 나는 믿음을 줄 수 없는 아이야'라는 자기 불신을 주입한다. 부모가 아이를 불신할수록 아이도 점점 자신을 불신하게 된다.

아이에게 무한한 신뢰를 보낸다는 것은 아이가 하자는 대로 다 허용해주는 방임이 아니다. 너를 믿는다는 말뿐인 믿음도 아니다. 아이에게 자율권을 주는 동시에 책임감도 함께 부여하여 자율권과 책임감 사이에서 스스로 균형을 맞추는 연습을 하도록 격려해주자. 물론 잘 안 될 때도 있을 것이다. 그럴 경우에도 "거봐라, 그럼 그렇지"라면서 바로 부모가 개입하여 통제하지 말고, "결국에는 네가 스스로 해낼 수 있을 거라고 믿어" 하면서 속는 셈 치고 딱 세 번만 눈 감고 기다려주자. 설령 이번에 한 번 속는다 해도 상관없다. 아이를 믿으면 얻는 것이 훨씬 많기 때문이다.

03
부모의 민감하고 일관된 반응이 반드시 필요할 때

아이의 신호는 모호하고 반어적이며,
아예 신호하지 않는 것으로 신호하기도 한다.

아이의 신호에 반응하는 세 가지 기본 원칙

● ● ●

부모가 아기를 양육할 때 가장 중요한 기본 원칙은 '반응성, 민감성, 일관성'이다. 가령 아기가 울고 있다면, '반응성'은 아기의 울음에 신속하게 반응하여 안아서 달래주는 것이다. 아기가 무엇 때문에 우는지 정확히 알고 해결해주는 것은 '민감성'이다. '일관성'은 부모가 언제나 한결같이 반응하여, 자신이 울 때 부모가 어떻게 반응할지 아기가 예측하게 해준다.

아이가 성장하는 동안 부모에게 보내는 신호가 '울음'이라는 한 가지 형태에서 다양한 형태로 바뀔 뿐, 이런 기본적 원칙은 언제나 유효하게 적용된다. 이 세 가지 원칙을 계속 강조하는 이유는 부모가 반응성·민감성·일관성을 바탕으로 아이를 대해야, 아이는 부모의 무조건적인 사랑과 신뢰를 받는다고 확신하기 때문이다. 이는 아이로 하여금 자기감정을 적절하게 표현하고 도움이 필요할 때 주저없이 요청하면서 어떤 문제를 맞닥뜨리든 해결하고 극복할 수 있다는 의지와 용기를 갖게 만든다.

아이의 신호에 부모가 신속하게 반응하지 않으면 아이는 부모에게 신호를 보내봤자 소용없다는 것이 학습되면서 점차 신호 보내기를 포기한다. 아이의 신호를 제대로 파악하지 못하고 엉뚱한 반응을 보이면 아이는 둔감한 부모의 반응에 답답해하고 좌절감을 느낀다. 부모가 자기 기분에 따라 아이의 신호에 비일관적으로 반응하면 아이는 어떤 행동이 옳은지 그른지 혼동하고, 향후 대인관계에서 어떤 행동이 적절한 것인지에 대한 사회적 가치 판단이 흐려지게 된다.

부모는 아이의 신호에 민감하게 반응하여 아이가 에둘러 표현하는 속마음까지 알아채고, 아이에 대한 공감과 이해를 토대로 명확한 규칙을 가지고 아이가 스스로 바르게 움직일 수 있도록 일관되게 이끌어줘야 한다. 내 아이의 모습은 부모가 하는 반응의 결과이다.

부모가 꼭 알아야 할 아이의 신호

• • •

사실 아이는 부정적인 신호만 보내지는 않는다. 아이가 즐겁고 행복할 때, 들뜨고 신날 때, 뿌듯하고 의기양양할 때, 편안하고 만족스러울 때 등 기쁨의 긍정적 신호도 발산한다. 이 책에서는 아이의 부정적 신호에 집중하고 있다. 아이가 긍정적인 신호를 보내면서 자신의 긍정적인 감정을 부모와 공유하고자 할 때는 부모도 덩달아 기뻐서, 아이의 기쁨에 반응해주는 데 따로 노력 같은 것이 필요하지 않다. 아이 또한, 긍정적인 감정은 부정적인 감정에 비해 자연스럽게 표출한다.

그런데 아이가 부정적인 신호를 보낸다는 것은 아이에게 힘들고 괴로운 문제가 생겼다는 뜻이고, 부모의 도움이 절실하게 필요하다는 뜻이다. 게다가 그럴 때면 아이는 부모가 쉽게 알아차리고 이해하여 받아들일 수 있는 형태로만 분명하게 신호해주지 않는다. 아이의 신호는 모호하고 반어적이며, 아예 신호하지 않는 것으로 신호하기도 한다. 그래서 부모는 아이가 보내는 부정적 신호를 알아차리기 위해 늘 민감하게 주의를 기울이고 있어야 한다.

이 책의 2부에서 내 진료실을 찾아온 다양한 아이들의 이야기를 통해 더욱 구체적으로 살펴보겠지만, 여기에서는 특히 어떤 신호들에 각별하게 신경을 써야 하는지 정리할 것이다. 부모가 알아들을 수 있는 말로 정확하게 신호를 보내주면 좋겠지만, 아이는 잘못된 행동이나 위험한 행동 등 하지 말아야 할 행동을 하는 것으로, 혹은 아이 연령대에 꼭 필수적인 행동이나 해야 할 행동을 하지 않는 것으로, 혹은 특정한 행동 패턴을 반복하는 것으로 부모에게 신호를 보내기도 한다.

해야 할 행동을 하지 않는 것으로 신호하는 경우

• **가족이 아닌 누구와도 말하려 하지 않을 때**

수줍음이 많은 기질로 태어나 낯가림이 심한 아이는 말할 필요가 있는 사회적 상황에서 극도의 불안을 겪으면 이후에는 '침묵'으로 자꾸만 회피하게 된다. 아이는 말을 하고 싶어도 불안 때문에 가족 아닌 다른 사람들과는 말을 할 수 없는 상태이다.

- **아이의 집중력이 몇 분도 안 되어 자꾸만 흐트러질 때**

집중력은 좋아하는 일에 몰두하는 능력이 아니다. 지루하고 하기 싫은 일이라도 견디고 신속하게 완수하는 능력이다. 학령기 아이들은 집중해야 할 일이 생기면 흥미가 없어도 최소 40분 정도 집중할 수 있어야 한다(학령전기 유아들은 15~20분 정도 집중할 수 있다). 아이에게 해야 할 일이 있는데 그 일에 집중하지 못하고 몇 분도 안 되어 바로 흐트러져 마무리하지 못하는 상황이 반복된다면, 그것은 아이의 잘못이 아니다. 아이가 집중하고 싶어도 집중할 수 없게 만드는 신경발달장애인 주의력결핍과잉행동장애ADHD 때문일 수 있다.

- **남들 앞에서 혼자 발표하기를 극도로 싫어하면서 회피할 때**

사람들은 대부분 다수의 시선 앞에 혼자 나서서 연설하거나 발표하거나 공연하게 되면 긴장과 불안을 느끼기 마련이다. 그런데 이런 통상적 긴장과 불안이 극도의 공포로 이어져 자신이 수행해야 할 일을 제대로 못 하게 되기도 한다. 연설, 발표, 공연 등을 앞두고 두통, 복통, 빈뇨 같은 신체 증상이 나타나는 것도 그 때문이다. 아이가 남들 앞에 서는 일을 지나치게 걱정하고 두려워하면 이전에 많은 사람 앞에서 실수하여 당황스러웠던 적은 없었는지 살펴보자. 또한 유전적인 요소도 사회불안장애(무대공포증, 수행공포증)에 영향을 미치므로 불안장애를 지닌 가족 구성원이 있는지도 알아보자.

- **자다가 일어나서 돌아다니거나 갑자기 비명을 지를 때**

  잠든 줄 알았던 아이가 갑자기 일어나서 부모가 불러도 대답 없이 돌아다니는 몽유병 증상이나 비명을 지르며 놀라서 깨는 야경증 증상을 보이는 것은 수면 부족이나 불규칙한 수면 습관, 혹은 정신적인 스트레스 때문일 수도 있다. 그런 증상을 보이기 시작한 즈음에 아이에게 스트레스를 가중할 만한 일이 없었는지 돌아보자. 다행히도 몽유병과 야경증은 아이의 마음을 다독이면서 규칙적이고 충분한 수면을 확보해주면 서서히 사라진다.

- **깡말랐는데도 칼로리부터 계산하며 밥을 먹지 않으려 할 때**

  아이가 신체 건강을 해칠 정도로 지나치게 마른 몸을 선망하면서 밥을 먹지 않으려 하거나 부모와 같이 먹기를 피하는 것은 신경성 식욕부진증의 초기 징후일 수 있다. 신경성 식욕부진증은 사망률이 15퍼센트에 이르는 위험한 질병이므로 결코 가볍게 넘겨서는 안 된다. 신경성 식욕부진증 아이에게는 작은 과자 한 조각을 먹는 것도 아주 큰 용기가 필요한 일이므로, 아이에 대한 걱정을 앞세워 억지로 먹이려 하는 것은 오히려 음식에 대한 거부감만 강해지게 하는 역효과를 부를 수 있다. 음식을 거부하게 된 아이의 마음부터 들여다보고 공감해줘야 한다.

하지 말아야 할 행동을 하는 것으로 신호하는 경우

• • •

- **자주 분노하면서 공격적이고 반항적인 행동을 일삼을 때**

또래 아이들보다 그 정도가 지속적으로 심하여 일상생활이나 학교생활이 어려워진다면 크고 작은 문제 행동들을 바로잡기보다 아이의 마음을 먼저 들여다봐야 한다. 반항적이고 공격적인 행동을 보이는 아이들의 내면에는 대체로 불안, 좌절, 공포 등이 있다. 더 이상 상처받고 싶지 않아서 선제공격으로 자기 두려움을 감춘다. 또한 반항적이고 공격적인 행동으로 아이가 하기 싫은 일(공부나 숙제, 심부름 등)을 하지 않아도 되었던 적이 있다면, 혹은 부모의 제한과 통제가 필요한 일(용돈 사용, 스마트기기 사용, 귀가시간 등)인데도 아이가 하고 싶은 대로 하도록 내버려둔 적이 있다면, 그게 아이에게는 일종의 보상으로 작용하여 아이의 문제 행동을 더욱 강화한다. 부모가 그런 잘못된 보상을 허용하지 않았는지 한번 되돌아보자.

- **감정을 조절하지 못하여 충동적이고 타인과 동물에게 잔인한 폭력성을 보일 때**

다른 사람과 동물에게 잔인한 행동을 하고, 거짓말을 일삼으며, 남의 물건을 훔치거나 일부러 파손하고, 가출이나 무단결석 등 가정 내외의 규칙을 중대하게 위반하는 등 아이의 문제 행동들이 사회 규범에 비추어 심각하다면 품행장애를 의심해야 한다. 품행장애는 단기간에 개선되기 어렵지만, 반사회적 인격장애나 사이코패스로 진행될 가능성이 높으므로 반드시 치료해야 한다. 청소년기에는 우울 증상이 품행장애로 나타나는, 이른바 '가면 우울증' 증상과 잘 감별을 해야 한다.

- **밤낮을 가리지 않고 게임에만 몰두할 때**

아이가 인터넷 게임을 하느라 일상생활도 학교생활도 제대로 하지 않는 상태라면 게임을 하려는 아이와 못 하게 말리려는 부모 사이의 갈등이 고조되어 있을 것이다. 부모는 게임의 자극적인 재미 자체에 아이가 중독되어 있다고 생각하지만, 꼭 그렇지만은 않다. 게임 중독은 이차적인 현상으로 자기 조절력 결여, 불안과 우울, 친구 문제 등 현실로부터의 도피처인 경우가 많다. 또한 ADHD를 충분히 치료하지 않았을 때도 게임 중독을 보일 수 있다. 무조건 게임을 못 하도록 아이를 혼내기보다 기저의 선행 문제를 파악하고 해결하는 것이 먼저이다. 아이가 왜 게임 속으로 자꾸만 도망치려는지 그 마음을 세심하게 들여다보자.

- **충격적인 일을 경험한 후 그 일을 놀이에서 여러 번 재연할 때**

아이가 충격적인 일을 경험하고 정신적인 외상을 당하면 스트레스 반응으로 그 외상성 사건이 놀이의 주제로 계속 재연된다. 아동기에 겪을 수 있는 대표적 외상성 사건으로는 가정 폭력, 학교 폭력 및 따돌림, 신체 학대 및 성 학대, 사고, 심각한 의학적 질병 등이 있다.

- **특정 행동을 부적절하게 반복하거나 또래들이 불안해하지 않는 것을 두려워할 때**

숫자 세기, 단어 외우기, 손 씻기, 확인하기 등 아이가 어떤 행동을 부적절한 상황에서 지나치게 반복하거나 또래 아이들에게는 일반적으로 불안과 두려움의 대상이 아닌 것(쇠로 만들어진 식기, 투명한 물컵의 출렁임 등)을 극도로 피하려고 한다면 강박 증상일 수 있다. 아이 자신도 그런 강박이 부적절하고 지나치다는 것은 알지만, 불안감을 떨치기 어려워 스스로 멈추지는 못한다. 아이의 강박이 논리적이지 않다는 것을 알려주는 것만으로도 멈출 수 있다는 생각으로 접근해야 한다. 그만 좀 하라고 아이를 다그치는 것은 금물이다.

- **자기 모발을 반복해서 뽑을 때**

아이가 스스로 머리카락이나 눈썹 등을 뽑아서 원형탈모증처럼 보이는 경우가 있다. 이는 아이에게 겉으로 표현하지 못한 스트레스가 쌓여 있다는 것을 시사한다. 보통 머리카락을 뽑기 전에 불안, 긴장이 상승하고 뽑고 난 후 만족, 안도감 등을 느낀다. 긍정적인 감정이든, 부정적인 감정이든 자기감정을 '말'로 자유롭게 표현할 수 있을 때 아이는 정신적으로도 건강하다. 아이가 말로 표출하지 못한 부정적 감정은 '신체'를 통해 나타난다. 모발을 강박적으로 뽑는 행위를 함으로써 아이가 속으로 쌓아둔 스트레스를 해소하는 것이다. 스트레스는 주로 외로움, 허탈감, 거절감과 관련이 있다.

- **자기 몸에 자꾸 상처를 내면서 자해할 때**

아이들이 손목을 긋는 등 자해하는 것은 꼭 죽고 싶어서가 아니다. 애초에 자살하려는 의도까지는 없었던 아이도 많다. 이런 아이들은 대부분 자신을 뒤덮는 부정적 감정을 어떻게 조절하고 달리 표현해야 할지 몰라서 자해한다. 다양한 문제로 불안하고 답답한 마음이 고조되면 자기 몸에 고의로 상처를 내고 싶다는 충동이 치미는 것이다. 아이가 반복적으로 자해하면 그 행동을 비난하기보다 아이가 말로 표현하지 못한 문제와 그 마음을 먼저 들여다보자.

그 밖의 방식으로 신호하는 경우

• • •

- **자주 머리나 배가 아프다고 할 때**

학기 초가 되면 몸이 아프다며 나를 찾는 아이가 많다. 신학기 스트레스, 친구 스트레스, 시험 경쟁 스트레스, 부모와의 갈등, 자신과의 갈등 등으로 마음은 고단한데 어떻게 해소할 방법이 없으니 몸으로 통증이 나타나는 것이다. 대개는 그 통증을 의학적으로 설명할 수 없지만, 이는 절대 꾀병이 아니다. 따라서 아이의 통증 자체에는 충분히 공감해주어야 한다. 다만, 신체 증상 호소에는 지나치지 않게 반응하고, 말로 감정을 표현했을 때보다 적극적으로 경청하려는 자세를 취해야 한다. 아이가 차마 말로 표현하지 못하고 신체 증상으로 표현할 수밖에 없는 일이 생기지 않도록 아이의 몸과 함께 마음도 잘 들여다봐야 한다.

- **자꾸만 눈을 깜박이거나 코를 킁킁대거나 헛기침을 할 때**

알레르기성 증상으로 오인할 수 있지만, 이런 경우에 의학적 이유가 따로 없다면 틱 증상일 수 있다. 눈 깜빡임은 가장 흔한 운동 틱이고, 헛기침이나 킁킁거림은 음성 틱으로 역시 가장 흔하다. 이 같은 초기 틱 증상은 환경적인 요인과 심리적인 스트레스에 따라 나타났다가 저절로 사라지는 경우가 흔히 있다. 다만, 복합적이고 지속적인 틱 증상으로 악화될 수 있으므로 세심하게 살펴봐야 한다. 아이가 부모의 눈에 거슬리는 틱 증상을 보이더라도 "제발 그만 좀 해!"라고 다그쳐서는 안 된다. 그런 부모의 꾸중이 아이의 틱 증상을 더욱 강화한다.

- **사람과의 교류에 무심하고 제한적인 관심사 및 반복적인 행동을 보일 때**

18~24개월 전후부터 눈맞춤을 거의 안 하고 누가 자신의 이름을 불렀을 때 반응을 하지 않는 아이들이 있다. 게다가 또래 관심사에는 전혀 흥미를 느끼지 못하고 특이한 행동 반복하기(자동차 바퀴 굴리기, 버튼 누르기, 숫자와 글자 읽기, 계단 수 세기, 건물 층수 확인하기, 방송 대사 따라 하기 등)와 아이 자신만의 관심사에만 국한된 행동을 보인다면 자폐스펙트럼장애를 의심해봐야 한다.

- **농담과 진담을 구분할 줄 모를 때**

친구들 사이에 친밀하게 오가는 짓궂은 별명이나 반어적 농담을 모욕으로 받아들이고 크게 분노하며, 친한 친구 없이 또래 관계에 문제가 생기면 자폐스펙트럼장애(구, 아스퍼거 증후군)를 의심해봐야 한다. 지적 수준이 정상일지라도 자폐스펙트럼장애라면 풍자, 유머, 비언어적 표현 등 은유적인 표현의 참뜻을 잘 이해하지 못한다. 일반 아이들이 웃는 지점에서 웃지 않고 보통 화를 내지 않는 지점에서 화를 낸다. 아이가 화를 내는 것은 친구들의 의도를 잘못 해석하기 때문이다.

• 비현실적인 이야기를 하면서 잠을 안 자고 계속 뭔가를 할 때

아이가 비현실적인 꿈이나 소원, 계획 등을 과장되게 얘기하면서 그것을 이루기 위해 잠을 안 자고 계속 뭔가를 하려 들면, 아동기 조증을 의심해야 한다. 그런 아이가 쓰고 만드는 것들은 맥락이 없어서 도대체 무엇을 하려는 것인지 알 수 없기 십상이다. 또한 그것을 해낼 수 있다는 아이의 믿음에도 합리적인 근거가 없다. 아동기 조증의 경우 짜증, 불안, 우울, 반항 등도 보이는데 사춘기에 보이는 일반적인 모습과는 질적으로 다르다.

부모가 지켜야 할 반응의 대원칙

• • •

아이는 다양한 방식으로 신호하지만, 부모가 그런 신호들에 반응할 때는 우왕좌왕하지 말고 다음과 같은 태도를 일관되게 유지해야 한다. 아이가 보내는 신호 각각의 특징에 따른 특정한 대처법도 따로 있을 수 있지만, 그런 대처법들 역시 다음의 내용을 바탕으로 했을 때 유효하고, 더욱 효과적이다. 이에 대해서도 2부에서 구체적으로 얘기하겠지만, 여기에서 부모가 어떤 상황에서도 지켜야 할 대원칙부터 간단하게 정리해둔다.

- **아이의 바람직한 행동은 아낌없이 칭찬하라**

 아이의 긍정적 행동에 대해서는 아낌없이 적극적으로 칭찬해주자. 아이가 칭찬받으면 버릇이 나빠진다는 생각에 칭찬에 인색한 부모들이 있다. 부모의 기준에서는 마땅히 해야 할 행동이라고 생각되더라도, 바람직한 행동을 하는 아이에게 칭찬을 아끼지 말아야 한다. 아이의 타고난 재능이나 성취한 결과를 칭찬하기보다는 아이가 바람직하게 변화하기 위해, 혹은 어떤 목표를 성취하기 위해 노력한 과정을 구체적으로 짚어서 칭찬해줘야 한다. 또한, 부모가 시킨 일에 순응하고, 말을 잘 듣는 것에 대해서만 칭찬한다면 아이는 솔직한 감정을 표현하지 못할 수 있다. 바람직한 행동이란 아이가 부모에게 자신의 감정을 거짓 없이 말하고 표현하는 모습이다.

- **아이의 바람직하지 않은 행동은 즉각 제한하라**

 아이가 잘못된 행동, 타인에게 피해를 주거나 자신이 다칠 수 있는 공격적·폭력적 행동을 할 때는 단호하게 즉각 제한해야 한다. 이때 아이의 부정적인 행동을 제한하는 부모의 일관된 원칙을 바탕으로, 그런 행동을 했을 때 어떤 불이익을 받게 될지 아이와 함께 미리 정해두고 그 규칙대로 이행하게 하는 것이 좋다. 아이의 잘못된 행동에 제한을 하다가도, 아이가 반항하면서 공격적으로 나오면 허용해버리는 방식이 가장 나쁘다. 이를 통해 아이의 공격적인 행동이 더욱 강화되기 때문이다. 오늘 아이의 어떤 행동을 훈육하려는 것인지 부모부터 스스로 명확히 알고서 감정적으로 화내는 대신에 단순하고 명료하게 직접적으로 지시해야 한다. 오늘의 잘못을 과거의 일과 연관 지어 아이를 비난하는 식이 되지 않도록 주의하자. "너는 항상 그런 식이다. 단 한 번도 제대로 한 적이 없지"라는 말은 아이를 자기방어에 급급해지도록 만들 뿐이다.

• **아이의 작은 실수나 사소한 잘못에는 너그러워져라**
아이가 일상생활에서 할 수 있는 작은 실수나 사소한 잘못에는 추궁하지 않고 관대함을 보여주자. 이런 것들 때문에 잔소리하거나 위협하거나 협박하는 등 아이를 혼내는 데 힘을 빼면 아이는 늘 지적받는다고 느껴서 진짜 중요한 사안에 대한 훈육까지 엄중하게 받아들이지 않는다.

• **아이의 분노를 먼저 이해하라**
아이에게 분노하는 부모의 마음속에는 '이놈이 감히 부모한테 대들다니 기분이 나쁘다' 혹은 '부모를 골탕 먹이려고 이놈이 일부러 저러는 거다'라는 생각이 짙게 깔려 있을 것이다. 하지만 아이만 탓해서는 안 된다. 사람은 누구나 상대가 어떤 태도를 취하느냐에 따라 달라지는 법이다. 부모의 분노를 잠시 식히고, 아이의 분노를 이해하는 것이 먼저이다. 아이와 네 잘못, 내 잘못을 따지며 시시비비를 가리거나 부모의 입장을 이해시키려 하기보다는 아이가 화났다는 사실에 우선 집중하자. 정황이야 어떠하든, 아이가 이미 그렇게 받아들였음에 집중해야 한다. 아이와 힘겨루기를 해서는 안 된다. 아이는 부모로부터 이해받았다고 느끼는 순간 더 이상 분노하지 않고 자신의 잘못도 인식하게 된다.

• 부모의 분노를 표현할 때 '연습'이 필요하다

부모의 분노를 체벌을 비롯한 신체적·언어적 폭력으로 표현해서는 절대 안 된다. 그것은 어른의 힘으로 아이를 제압하려는 것에 불과하다. 아이를 키우다 보면 꼭 혼내야 하는 상황에 부딪힐 때가 많다. 그럴 때면 부글부글 끓어오르는 화를 잠시 누르고 거울 앞에서 부모의 분노를 말로 어떻게 표현할지, 아이의 잘못된 행동을 어떻게 훈육할지 연습하자. 말의 강약, 적절한 단어, 침착한 표정을 고르는 것이다. 아이가 상처받지 않으면서도 자신의 문제 행동을 잘 받아들이고 교정할 수 있도록 말이다. 부모가 혼내는 연습을 할 때와 안 할 때 그 효과는 천지 차이일 뿐만 아니라, 무엇보다 아이는 부모를 보면서 화를 다스리고 표현하는 방법을 배우기 때문이다.

- **아이에게 진심으로 사과하라**

　부모가 처음부터 아이에게 상처를 주는 언행을 하지 않는 것이 제일 바람직하지만, 어쩌다가 순간적인 감정에 휩싸여 자제력을 잃고 아이에게 큰 상처를 주었다면 즉시 아이를 꼬옥 안아주며 진심으로 사과해야 한다. "엄마(혹은 아빠)가 참아야 하는데 실수했구나. 정말 미안해. 사랑한다"라고 말로 표현하여 아이의 마음속 상처를 신속하게 회복시키자. 이때 '빠른 시간 내에'가 핵심이다. 그러지 않으면 지속적으로 분비되는 스트레스 호르몬이 정서를 담당하는 뇌에 영구적인 흉터를 남겨서 성장해가면서 두고두고 문제가 될 수 있다.

- **체벌은 훈육이 아니라 '학대'이다**

　훈육과 체벌은 같은 말이 아니다. 훈육은 세상을 살아갈 때 꼭 필요한 규칙을 안내하면서 아이를 절제시키고 인내심을 키우는 일이다. 하지만 체벌은 공포에 주눅이 들게 만들어서 아이를 제압하는 일종의 폭력으로서 아이로 하여금 두려움과 분노를 갖게 한다. 폭력으로 버릇을 고칠 수 있다고 생각하는 것은 버릇 고치기를 이미 포기한 것이며 어른의 권위도, 아이도 포기하겠다는 뜻이다. 아이의 잘못된 행동에 대해 체벌 등으로 대가를 치르고 두려움을 가지게 하는 것은 엄연한 아동 학대이다. 세상에 '사랑의 매'는 없다.

♥ **일관성 있는 부모의 반응 7가지 대원칙**

1. 아이의 바람직한 행동은 아낌없이 칭찬하라.
2. 아이의 바람직하지 않은 행동은 즉각 제한하라.
3. 아이의 작은 실수나 사소한 잘못에는 너그러워져라.
4. 아이의 분노를 먼저 이해하라.
5. 아이에게 부모의 분노를 표현할 때는 '연습'이 필요하다.
6. 잘못한 일이 있다면 아이에게 진심으로 사과하라.
7. 체벌은 훈육이 아니라 '학대'이다.

04
아이는 부모라는 세상에서 연료를 채운다

아이에게 가장 강력하고 오래가며 무해한 연료는
부모의 사랑과 신뢰와 인정이다.

부모는 아이의 가장 큰 세상이자 안전기지
● ● ●

아이를 둘러싼 환경의 중요성은 아무리 강조해도 지나치지 않다. 아이는 부모와 가정, 학교와 선생님 및 친구들, 사회와 국가와 문화, 사고와 재난, 인터넷과 스마트폰 등 모든 것을 대입할 수 있는 그 세상의 영향을 고스란히 받는다. 어릴 때 그 세상에서 어떤 종류의 경험을 하는지는 아이의 정신 건강과 성장 과정에 중대하게 직결된다.

그중에서 특히 부모는 아이에게 '첫 번째 세상'이자 '가장 큰 세상'이며 '안전기지'다.

아이는 자라면서 부모의 태도와 행동을 동일시하며 바깥세상에서 취해야 할 사회적 행동 양식을 배우고 답습한다. 낯선 세상에서 겪는 긴장과 불안을 부모의 품속에서 해소하고, 다시 집 밖으로 나설 힘을 되찾는다. 부모라는 안전 기지에서 충분히 휴식하고 사랑과 위로를 받으며 치유한 후 새로운 세상을 탐험할 에너지와 연료를 채우는 것이다.

두세 살 아이가 놀이터에서 부모가 근처에 있다는 것을 확인한 후 신나게 놀다가도 부모가 안 보이면 더 놀지 못하고 무서워서 우는 것과 같은 이치다.

아이는 성장하면서 부모라는 첫 번째 세상을 벗어나 두 번째 세상, 세 번째 세상, 네 번째 세상…… 무수한 세상을 만나게 된다. 친구를 부모보다 더 중요하게 여기는 듯한 시기도 있지만, 그때도 친구는 두 번째 세상이다. 그 밖에 아이에게 영향을 미치는 어떤 다른 세상도 모두 첫 번째가 될 수 없다. 첫 번째가 아니라 두 번째, 세 번째, 네 번째인 이유는 아이에게 첫 번째 세상이자 가장 큰 세상인 '부모'와의 관계가 모든 세상과 관계의 근간이 되기 때문이다.

나머지 세상에서 벌어지는 많은 문제는 부모와의 관계에서 비롯

된다. 부모에게 충분한 사랑과 인정을 받고 자란 아이, 부모와 민주적인 의사소통을 하고 친밀한 경험을 많이 한 아이라면 친구 관계를 비롯해 다양한 상황과 대인 관계에서 건강한 가치판단을 한다. 누가 문제 행동을 해도, 그 사람이 아무리 친한 친구여도 무조건 동조하지 않을 것이다.

끝까지 아이의 편에서 아이를 지지해줄 사람

• • •

아이들은 자기 마음대로 하겠다며 간섭하지 말라고 소리치다가도 결정적으로 혼자 해결하기 힘든 상황에서는 부모에게 의존하고 싶어 한다. 그럴 때 부모의 '지지support'가 더없이 중요하다.

어떻게 지지해주느냐에 따라 아이는 앞으로도 문제가 생겼을 때 부모에게 기꺼이 도움을 요청해도 될지 안 될지 판단할 것이기 때문이다. 어떤 상황에서도 부모가 자신을 지지해주리라는 확신이 있어야 아이는 자기 문제를 부모에게 얘기할 수 있다.

"부모 말 안 듣더니 꼴좋다"라고 빈정거리는 말로 아이를 비난하면서 아이의 문제를 해결하는 데 주도권을 잡아채어 부모의 방식으로 처리해버리는 부모가 있는데, 이것은 지지가 아니다. 아이의 실수나 잘못에 대해 공감이나 관용 없이 부모의 힘과 권위로 아이를 제압하고 다스리려는 것이다.

　이는 어떤 문제도 아이 스스로 해결하지 못할 것이라는 부모의 불신을 강하게 드러내는 방식으로, 아이를 위축시킬 뿐이다. 부모가 아이를 불신하는 만큼 아이도 자신을 불신하게 되고, 스스로를 불신하는 상태에서는 어떤 일도 제대로 해낼 수 없다.

　'지지'를 '과잉보호'와 착각하는 부모도 많다. 가령 만들기 과제를 하다가 이를 망쳐버린 아이가 부모에게 도와달라고 했을 때, 아이의 과제를 새로 처음부터 끝까지 대신 만들어주는 부모는 과잉보호하는 부모이다. 지지하는 부모는 아이의 곁에서 다시 과제에 도전하도록 격려하면서 서툴더라도 처음부터 끝까지 스스로 만들어보려고 노력하는 과정을 인정해준다. 아이는 부모가 그럴싸해 보이도록 능숙하게 대신 만들어준 과제보다, 다소 조잡하더라도 자기 노력으로 직접 만들어낸 과제에 더욱 큰 자부심을 가진다.

　부모의 지지는 어떤 실수나 잘못, 실패나 좌절에도 오뚝이처럼 일어설 수 있는 힘을 아이에게 준다. 그 바탕에 아이가 스스로 해결할 수 있다는 부모의 믿음이 깔려 있기 때문이다. 부모가 아이를 신뢰하는 만큼 아이도 자신을 신뢰하면서 실패와 좌절을 감내하고 강한 회복력으로 어떤 일이든 충분히 해낼 수 있다는 자신감을 견고하게 다진다.

하지만 과잉보호는 그런 상황에서 오히려 아이의 불안과 두려움을 키운다. 지지를 자칫 과잉보호로 착각하여 시련과 고난을 못 견디는 아이가 되도록 만들어서는 안 된다. 과잉보호도 아이를 온전히 믿지 못하는 부모의 불안감으로 아이를 통제하려는 또 다른 방식이다. 과잉보호는 아이가 스스로 해결할 수 있는 일까지 점점 부모에게 의존하도록 만든다.

아이의 연료를 보충해주는 방법
• • •

아이는 바깥세상에서 수많은 실패와 좌절을 겪고 에너지가 바닥나면 부모라는 안전 기지로 돌아온다. 실패와 좌절에 그대로 무너져 포기하는 것이 아니라, '그럼에도 불구하고' 다시 도전하고 극복하고 성취할 연료를 보충할 곳은 첫 번째 세상인 부모밖에 없기 때문이다.

아이에게 가장 강력하고 오래가며 무해한 연료는 부모의 사랑과 신뢰와 인정이다. 부모의 사랑을 느끼면서 신뢰와 인정을 받을 때 아이는 안정적인 정서를 토대로 건전한 사회적 상식을 쌓으며, 담대한 용기도 낼 수 있다. 당장은 실패와 좌절을 거듭해도 그런 아이가 뛰어난 통찰력으로 결국에는 승리한다.

아이는 언제나 부모의 사랑과 신뢰와 인정을 원한다. 그래서 아이의 연료 충전소인 부모는 언제나 바쁠 수밖에 없다. 그런데 그 규격이 맞지 않을 때가 있다. 아이의 요구와 부모의 방법이 어긋날 때이다. 그럴 때는 아이의 연료를 보충해주고 싶어도 부모의 현재 충전 장치로는 잘 통하지 않는다.

그렇다면 부모의 충전 장치를 변형해서라도 아이의 연료를 보충해줘야 한다. 아이가 바닥난 연료를 보충할 데라고는 부모밖에 없기 때문이다. 즉 부모가 주고 싶은 사랑과 신뢰와 인정이 아니라 아이가 원하는 사랑과 신뢰와 인정이 무엇인지 잘 파악하고 공감하여 유연하게 반응해줘야 한다는 의미다.

모든 아이는 자신만의 보석 같은 강점을 가지고 태어난다. 그것을 알아줄 때 아이는 진정으로 감동하고, 타인의 잣대에 흔들리지 않는 자존감을 키우며, 자기 잠재력을 마음껏 폭발시킨다.

부모가 어떻게 해줄 때 아이가 부모의 사랑과 신뢰와 인정을 온전히 느끼고 다시 연료를 채우는지 세심하게 관찰하자. 그러면 부모와 아이만의 고유한 맞춤식 보충 방법을 만드는 것도 그리 어렵지 않을 것이다.

♥ 아이의 연료 보충법

· 따뜻하게 꼭 안아주기

이때 아이의 볼에 뽀뽀도 해주면 좋다.

· 사랑한다고 말해주기

부모가 마음속으로 얼마나 아이를 사랑하는지는 하나도 중요하지 않다. 꼭 '말'로 해서 아이가 느끼고 알게 하는 것이 중요하다.

· 아이가 하는 모든 말에 귀 기울여 들어주기

아이의 어떤 말도 무비판적으로 수용하는 자세로 사소한 이야기까지 존중하되, 부모 자신은 사소한 문제에 연연하지 말아야 한다.

· 아이가 무엇 때문에 힘들어하는지 정확히 알기

어른에게는 고민할 거리가 안 되어 보이는 일도 많으므로 아이의 입장이 되어봐야 아이의 고민이 무엇인지 정확히 알 수 있다.

· 아이의 실패와 좌절을 한 단계 성장으로 받아들이기

어떤 실패와 좌절도 지나가며, 그것을 감내하고 극복하면 부정적인 기억이 아니라 긍정적인 추억으로, 또 다른 실패와 좌절을 맞닥뜨렸을 때 또 이겨낼 수 있는 자양분으로 쌓인다는 것을 알려줘야 한다.

부모의 행복을 보고 자라는 아이들

• • •

아이에게 기대하는 모습이 있다면 부모가 먼저 그 모습을 보여줘야 한다. 특히 평소에 부모가 자기 자신을 사랑하고 발전시키면서 행복해지려고 노력하는 모습은 아이에게 강력한 영향을 미친다. 그런 부모의 모습을 그대로 보고 배우면서 아이는 자기 의지로 움직이기 시작한다.

부모가 낙관적인 시선으로 사람을 신뢰하며 세상을 마주하면 아이도 세상을 그렇게 바라보고 크고 작은 난관들을 하나씩 넘으면서 용감하게 나아간다. 닥쳐올 세상에 높고 낮은 벽이 있고 어떤 장애물이 있어도 그 앞에 멈추지 않고, 그저 넘으면 된다고 생각하기에 그리 위협적이지 않을 것이다.

부모가 비관적인 시선으로 사람을 불신하며 세상을 의심하면 아이도 세상을 그렇게 바라본다. 세상은 부정적인 시선으로 자신을 대하는 사람을 따뜻하게 환영하지 않는다. 아이도 자기 앞에 세워진 벽만 높은 것처럼 느껴져 생각보다 높지 않은 벽 앞에서도 좌절하며 포기하게 된다. 자신이 손을 내밀면 같이 도와줄 사람이 있다는 것도 믿지 않는다.

당연히 행복한 부모를 보고 자란 아이는 자신도 행복할 수 있다고 생각하지만, 불행한 부모를 보고 자란 아이는 자신이 행복해질 수 있다고 생각하지 못한다. 그런 아이는 어떻게 하면 행복감을 느낄 수 있는지 모르기 때문이다.

행복을 가르는 객관적 기준은 없다. 행복을 느끼는 순간은 사람마다 다르기 마련이다. 하지만 자신이 행복해지기 위해 상대를 깎아내리며 "그 사람에 비해 나는 행복하구나"라고 생각하면 결국 다른 사람의 똑같은 생각에 의해 불행한 사람이 된다. 저 사람보다는 내가 행복하다며 위안을 구하는 사람은 이 사람에 비하면 불행하다고 쉽게 느낀다.

"이것만 가질 수 있다면 참 행복할 텐데"라는 생각도 마찬가지다. 그것을 가진 후에 정말로 행복해지는 사람은 드물다. 얼마 못 가서 자신이 아직 가지지 못한 것들에 대한 결핍감에 또다시 불행하다고 느끼면서 "이것만 어떻게 해결된다면……" 하고 다른 원인을 찾을 테니까.

이는 모두 나 자신의 행복을 외부에서 찾으려 하기 때문이다. 행복은 내면의 충만감에서 나와야 한다. 외적인 것들이 모두 사라진다 해도 절망하지 않도록 내면을 무장해야 한다. 자신을 사랑할 때 사소한 것들에서도 매 순간 느끼게 되는 행복감이 제일 오래간다.

작은 성취에도 기뻐하고 큰 실패에도 담대한 부모를 보면서 아이도 자신을 사랑하는 방법과 어떤 상황에서도 자신을 포기하지 않는 용기를 배운다.

아이가 진정으로 행복해지길 바란다면 부모부터 스스로 독립적으로 행복해져야 한다. 어떻게 마음먹느냐에 따라 부모도 아이도 세상에서 제일 행복한 사람이 될 수 있다.

완벽한 부모는 존재하지 않는다

• • •

세상에 완벽한 부모는 없다. 소아정신과 의사인 나도 기질이 매우 다른 두 아들을 키우는 동안 시행착오를 거듭하면서 많이 좌절했다.

각종 육아서를 열심히 공부하여 양육 이론에 대해서는 빠삭한데 현실에 적용하여 실천하기가 너무 어렵다고 자책하는 부모도 많다.

사실 아이와 부모를 상담하다 보면 많은 경우에 특별한 기술을 요구하는 치료보다는 상식적인 수준 정도로 진료를 한다. 그런데도 부모들은 내 앞에 와서야 나의 말에 고개를 끄덕인다. 자신의 자녀에게 적용하기가 그만큼 어렵다는 뜻이다.

아마 알면서도 실천이 잘 안 되는 것은 부모의 지식과 행동 사이에 아이에 대한 감정이라는 다리가 놓여 있기 때문일 것이다. 아이들이 어릴 때 아기같이 굴면 과도하게 나무란 적이 이따금 있었는데, 돌이켜 생각해보면 아이들의 그런 행동이 아이들과 제대로 시간을 보내주지 못한 나의 죄책감을 자극했기 때문인 듯하다. 그러니 더욱 화가 났을 테고, 그 화의 크기는 내 걱정과 미안함의 크기였으리라.

내 앞에서 속을 썩이는 아이가 내 아이가 아니라고 생각하면서 객관적으로 바라볼 수 있다면 해답은 바로 나올 것이다. 하지만, 그렇게 할 수 있는 부모는 한 명도 없을 것이다. 하지만 상대에 따라, 상황에 따라 감정이 전혀 다른 온도를 드러내므로 우리는 그저 노력할 수 있을 뿐이다. 그렇게 자신을 돌아보면서 좋은 부모가 되기 위해 노력하는 부모는 '이미' 좋은 부모이다.

이제 2부에서 내 진료실을 찾아온 아이들의 이야기를 통해 아이가 부정적인 신호를 보내왔을 때 부모가 구체적으로 어떤 노력을 할 수 있는지 알아볼 것이다. 각각의 경우마다 '아이를 위해 지금 부모가 실천할 수 있는 일'을 간단하게 정리해놓았다. 어쩌면 그게 별것 아닌 일처럼 여겨질지도 모른다. 그러나 그 별것 아닌 것처럼 보이는 일을 실생활에서 실천하기란 참 쉽지 않다는 것은 아이를 키우는 부모라면 다들 공감할 것이다. 그래도 우리는 노력해야 한다. 내가 아닌 내 아이를 위해서 말이다. 우리는 부모니까.

아이는 고민이 생기면 약하게든 강하게든, 부모에게 직접적으로든 간접적으로든 작은 신호들부터 보낸다. 아이의 표정이 어둡다거나, 말수가 줄어들었다거나, 부모의 모든 질문에 "몰라!"라고 툭툭거린다거나……. 그러면 그 신호들을 민감하게 알아채고, 아이가 무슨 이야기든 안심하고 꺼낼 수 있도록 '다른 무엇보다 아이가 우선인' 시간을 마련하여 진지하게 들어줘야 한다.

PART 2

우리 아이 마음 아프지 않게,
부모 마음 더 슬프지 않게

"아이가 보내는 다양한 위험 신호들"

　　　아이가 부정적인 신호를 보낸다는 것은 아이에게 힘들고 괴로운 문제가 생겼다는 뜻이고, 부모의 도움이 절실하게 필요하다는 뜻이다. 게다가 그럴 때면 아이는 부모가 쉽게 알아차리고 이해하여 받아들일 수 있는 형태로만 분명하게 신호해주지 않는다. 아이의 신호는 모호하고 반어적이며, 아예 신호하지 않는 것으로 신호하기도 한다. 그래서 부모는 아이가 보내는 부정적 신호를 알아차리기 위해 늘 민감하게 주의를 기울이고 있어야 한다.

(1)

해야 할 행동을 하지 않는 것

01
가족이 아니면
말을 안 하려는 아이
: 선택적 함구증

불안감이 큰 사람은 대체로 맞서 싸우기보다는
'도망가기' 전략을 통해 안전지대로 회피하려는 성향을 자주 보인다.

침묵을 무기로 삼은 아이
• • •

아이는 엄마 손을 꼭 쥔 채 잔뜩 긴장한 표정으로 들어왔다.
"네가 은호구나. 안녕?"
내가 반갑게 인사해도 은호는 긴장감을 풀지 못한 채 아무 말이 없었다. 그러자 엄마가 대답 없는 아이를 독촉했다.

"은호야, 선생님한테 '안녕하세요' 해야지."

그래도 은호는 진료실 바닥만 내려다보며 서 있었다.

"앉으세요, 어머님. 여기가 은호 자리예요."

나는 최대한 부드러운 어조로 은호와 엄마에게 자리를 권했다.

"은호야, 대기실에서 기다리느라 아주 힘들었지?"

겨우 의자에 앉은 은호에게 가볍게 물었다. 이번에도 은호는 대답 없이 책상만 뚫어지게 쳐다봤다.

"아녜요, 선생님. 은호가 좋아하는 동영상을 보느라 시간 가는 줄 몰랐을걸요. 그렇지, 은호야?"

엄마가 또 대신 대답했다.

"아, 네……. 그랬군요. 은호야, 정말 괜찮았어?"

은호가 고개 숙인 채 계속 침묵하자 엄마가 다시 불안해하며 뭔가 입을 떼려고 했다.

나는 엄마에게 기다리라는 손짓과 함께 "어머님, 우리 은호가 대답할 때까지 조금만 기다려볼까요?"라고 권했다. 7~8초가량 정적이 흐르는 동안 엄마가 어쩔 줄 몰라 했다.

"미리 작성한 기초설문지를 보니 은호가 가족 이외의 사람들과는 아예 말을 안 한다고요? 언제부터 그랬나요?"

엄마에게 진료 시작을 알리는 첫 질문을 본격적으로 던졌다.

"원래도 낯가림이 심한 아이였는데 유치원을 옮기면서 아무하고도 말을 안 하기 시작했어요. 친구들은 은호가 말을 전혀 못하는 아이인 줄 알아요."

엄마 목소리가 다소 떨렸다. 엄마는 내원하기 전부터 맘카페에 아이의 문제를 올려서 조언을 구하기도 했고, 아동발달센터를 찾아가 상담도 받았다. 초등학교에 입학하면 나아질 것이라고 내심 기대했으나 은호의 상태는 더 심각해졌다고 했다.

"친정 엄마는 제가 어릴 때 은호랑 똑같았다면서 너도 아무 문제 없이 잘 컸으니 은호도 분명 그럴 거라고 걱정하지 말라고만 하세요. 소아정신과에 간다고 하니 펄쩍 뛰시면서 멀쩡한 아이를 환자로 만든다고 난리를 치셨어요. 가족들과는 말을 잘하고 공부도 잘하니 집에서는 은호의 심각성을 이해 못 해요. 학교에서 언어장애가 있느냐는 말을 들을 때마다 제 속이 얼마나 타들어가는 줄도 모르고……."

엄마는 울먹이기 시작했다. 은호가 울먹이는 엄마를 힐끗 쳐다보더니 얼굴이 빨개지며 당황했다.

"은호야, 우리 나무 한번 그려볼까?"

엄마가 손수건으로 눈물을 수습하는 사이, 나는 은호에게 살며시 종이와 연필을 내밀었다. 은호는 조심스럽게 연필을 집어 들더니 거침없이 나무줄기를 그리기 시작했고, 나뭇가지에 사과까지 주렁주

렁 달았다.

"우와! 은호가 그림을 엄청 잘 그리는구나. 집에 은호 그림이 많을 것 같은데 나중에 선생님한테도 보여주면 좋겠네. 그럴 수 있어?"

은호가 고개를 끄덕였다. 진료를 시작한 지 20분 만에 처음 나온 반응이었다. 엄마의 얼굴이 밝아졌다.

불안은 말하고 싶어도 말할 수 없게 만든다

• • •

은호처럼 가족들과는 말을 유창하게 잘하지만 낯선 사람 앞이나 학교 같은 사회적 상황에서는 선택적으로 말을 하지 못하는 증상을 보이는 경우를 '선택적 함구증'이라고 한다. 대체로 1만 명당 3명에서 1,000명당 5명 정도 생긴다. 1877년, 독일 의사 아돌프 쿠스멀Adolf Kussmaul이 의도적으로 말을 하지 않는 사례를 보고하면서, 이를 '자발적 실어증aphasia voluntaria'이라고 명명했다.

그로부터 약 60년 후 '선택적 무언증'으로 바뀌고, 1994년에는 소아정신장애 중 하나로 '선택적 함구증'이라는 용어가 채택되어 현재까지 사용되고 있다. 처음 이 병에 대한 인식에는 아이가 상대방을 조종하기 위해, 혹은 반항하기 위해 의도적으로 침묵한다는 뜻이 포함되어 있었다. 20세기 말이 되어서야 이 병명에서 스스로 말을 하지 않는다는 '의도성'이 배제되고, 침묵이 '선택적' 상황에서 나타난다는 데 초점을 맞춘 것이다. 정신장애진단및통계편람DSM-5은 '선택적 함구증'을 불안장애 중 하나로 분류했다. 의도적으로 침묵하는 것이 아니라, 말을 하고 싶어도 극도의 불안으로 인해 말을 할 수 없는 상태라는 견해가 반영된 것이다.

은호 엄마는 가방에서 스마트폰을 꺼내더니 은호가 여동생과 재잘거리며 노는 동영상을 틀었다. 활발하게 말하고 있는 아이가 진료실 안에서 침묵으로 일관하는 아이라고는 믿기지 않았다.

은호는 선천적으로 수줍음이 많은 기질을 지니고 태어났다. 엄마도 비슷한 기질을 보였으며, 어린 시절 남들 앞에서 말할 때 손이 떨리고 가슴이 두근거렸다고 회상했다. 나는 은호의 발병에 가족·유전 요인도 있을 것으로 판단했다. 은호에게 증상이 본격적으로 시작된 계기가 궁금해서 물었다.

엄마는 이사하면서 옮긴 유치원에서 작은 사건이 있었다고 말했다. 선생님의 피아노 소리에 맞춰 아이들이 순서대로 대답하는 활동을 했는데 은호가 타이밍을 놓치며 다음 친구의 대답과 엉키게 되자 친구들 모두가 깔깔거리고 웃어댄 일이었다. 그날 이후 은호는 유치원에만 가면 아예 함구했고, 선생님의 질문에도 몸짓으로만 대답했다.

침묵 속으로 도망칠 수밖에 없는 이유

• • •

두려움을 담당하는 인간의 뇌 회로는 측두엽 깊숙한 곳에 있는 아몬드 모양의 편도체 중심으로 이루어져 있다. 인간은 위협에 처할 때 본능적으로 편도체가 활성화되어 '맞서 싸우기 혹은 도망가기' 전략으로 대처하는데, 불안장애를 지닌 사람들은 그리 위협적이지 않은 자극에도 편도체가 과활성화되면서 자율신경계가 반응한다. 인간이 극도로 불안해지면 심장이 빨리 뛰거나 식은땀이 나는 등의 신체 증상을 보이는 이유다. 불안감이 큰 사람은 대체로 맞서 싸우기보다는 '도망가기' 전략을 통해 안전지대로 회피하려는 성향을 자주 보인다.

은호 역시 유아기부터 대답이 요구되는 상황에서 '침묵'이라는 회피행동을 통해 불안을 제거하는 전략을 반복해왔다. 은호가 질문에 대해 침묵할 때마다 주변 어른이나 친구는 함께 불안해진다. 그들은 은호를 구제해주려는 시도를 하게 된다. 이때 은호는 침묵의 결과로 불안이 제거되는 이득을 얻으므로, 그 이후에도 대답해야 하는 불안 상황에 부닥칠 때마다 침묵이라는 회피행동을 반복적으로 한다. 이것을 인지행동학적 관점에서 '선택적 침묵 강화 회로'라고 한다. 진료실에 들어온 첫 20분 동안 침묵하는 은호와 대신 대답해주려는 엄마의 소통 방식이 여기에 해당한다.

선택적 함구증의 침묵 강화 과정

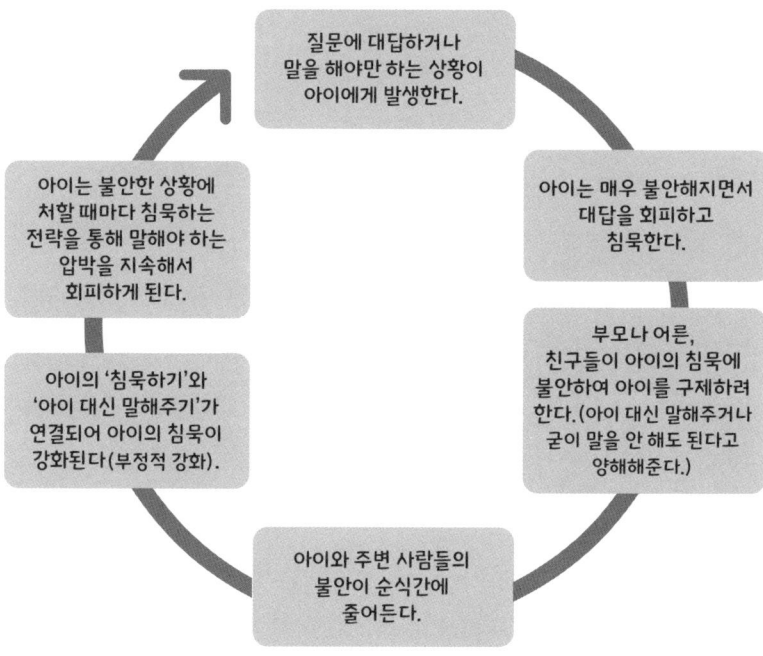

 18세기 프랑스 사제이자 문필가였던 조제프 앙투안 투생 디누아르Joseph Antoine Toussaint Dinouart 신부는 저서 『침묵의 기술』에서 침묵의 열네 가지 원칙 중 하나로 "말을 하는 것보다 입을 닫는 것이 덜 위험하다"를 들었다. 은호처럼 선택적 함구증을 지닌 아이들은 함

구하는 것이 가장 덜 위험하고 안전하기에 생존하기 위해서라도 침묵할 수밖에 없다.

부모가 아이 대신 말해주지 않기

• • •

은호에게 1년 6개월 동안 인지행동치료와 부모 훈련, 그리고 항불안제를 병행해 치료했다. 아이가 침묵할 경우 부모가 성급하게 '불안을 제거해주지(대신 말해주거나 침묵을 양해해주지)' 않고 인내심을 가지고 기다리다가 아이가 조금이라도 '대답을 시도할 경우 적극 보상해주는' 행동 수정 방식이었다.

즉, 앞서 제시한 '선택적 함구의 부정적 강화 회로' 도식 중 '아이가 매우 불안해하며 대답을 회피(침묵하기)'할 경우 부모가 대신 대답해주는 방식으로 구제해주지 않고, 끝까지 기다리고 대답할 수 있도록 용기를 주는 것이다. 즉, 침묵하는 것으로 아이가 어떤 이득을 얻지 않도록 하는 것이다. 여기서의 이득이란 누군가가 대신 대답해주거나 침묵을 양해해주는 것이다. 아이가 작은 목소리로라도 대답을 할 때 "아주 잘했어"라고 즉각 반응을 보여줌으로써, '회피하지 않기'와 '칭찬'을 매칭시켜 '회피하지 않기(대답하기)'를 강화시키는 과정이다. 이때 부모에게는 아이가 말을 하지 않거나 대답을 회피하는 모습에 함께 불안해지지 않도록 하고, 아이를 구제하고 싶은 마음을 잘 견디도록 훈련한다.

아이는 치료를 시작한 지 6개월이 될 무렵부터 짝꿍과 말하기 시작했고, 점차 담임선생님과도 대화하게 됐다. 가족과 대화할 때만큼 유창하지는 않아도 아이에게 필요한 말은 주고받을 수 있는 정도까지 호전됐다. 만약 은호가 어린 시절에 치료받지 않고 지속해서 침묵을 무기 삼아 두려움을 회피했다면 어떻게 되었을까? 선택적 함구증은 대부분 사회공포증을 수반하고 우울증으로 이행될 수 있어서 이를 방치할 경우 향후에 대인 관계 능력을 포함한 여러 기능이 손상될 수 있다.

올해로 은호를 만난 지 10년째다. 지금은 한 학기에 한 번 정도 만나면서 아이의 성장 과정을 점검하고 관리하는 중이다. 매번 올 때마다 그림 선물을 주는 은호는 나를 그려서 가져오기도 했다. 평소 좋아하던 그림을 전공으로 살려 패션 디자이너의 길을 걷고 싶다는 은호에게, '낯선 이와 말하기'는 더 이상 침묵이라는 무기를 사용해 회피해야 할 만큼 위협의 대상이 아니다.

선택적 함구증

TIP 지금 부모가 실천할 수 있는 일

- ☑ 아이가 낯선 사람들의 질문에 대답하거나 말을 해야만 하는 상황에서 부모가 같이 불안해져서 아이 대신 말해주지 말 것.
- ☑ 말을 하고 싶어도 할 수 없는 아이에게 말할 줄 알면서 일부러 말하지 않는다고, 어서 말하라고 다그치지 말 것.
- ☑ 아이가 계속 침묵해도 인내심을 가지고 아이가 말할 용기를 내기를 기다릴 것.
- ☑ 아이가 조금이라도 대답을 시도할 경우에는 적극 보상(대답한 것 자체에 대한 칭찬)할 것.

인간이 극도로 불안해지면 심장이 빨리 뛰거나
식은땀이 나는 등의 신체 증상을 보인다.
불안감이 큰 사람은 대체로 맞서 싸우기보다는
'도망가기' 전략을 통해 안전지대로 회피하려는 성향을 자주 보인다.

02
아이가 산만해서
끝까지 마무리하는 게 없다면
: 주의력결핍과잉행동장애 1 (ADHD)

"천재 화가 레오나르도 다빈치도 ADHD를 지녔다는 사실에 대해
혹시 들어보신 적 있나요?"

부주의, 과잉 행동, 충동성을 일으키는 신경발달장애
• • •

4년 전 초등학교 1학년인 성철이를 만났다. 엄마는 아이가 초등학교에 입학한 후 학용품을 자주 잃어버리고, 숙제를 안 해도 차츰 나아지겠거니 생각했다. 부모가 병원을 찾기로 결심한 것은 여름방학 때 제주도 가족 여행에서의 일이 계기가 되었다.

제주도에 도착한 첫날, 널찍한 호텔 로비를 본 성철이는 흥분하여 이리저리 신나게 뛰어다니다가 로비 한복판의 조형물에 머리가 정면으로 부딪혀 이마가 찢어졌다. 가족 여행은 그렇게 하루 만에 끝이 났다. 방학 숙제도 미루다가 개학을 하루 앞두고 몰아서 시작했다.

처음 병원에 왔을 때 엄마는 성철이에 대해 '덤벙댄다, 뭐 하나 끝까지 하는 게 없다, 말이 많다'라고 얘기했다. 엄마는 거의 매일 성철이 담임선생님의 전화를 받았다. "오늘은 성철이가 급식 줄을 기다리다가 끼어들어서 친구와 다퉜어요.", "수업 시간에 지우개를 조각내어 친구들에게 던져서 혼났어요." 등등.

성철이는 두세 차례의 면담과 심층 평가를 거친 후 주의력결핍과잉행동장애Attention Deficit Hyperactivity Disorder 진단을 받았다. ADHD는 일반인에게 유명한 병명이지만 제대로 알고 이해하는 사람은 많지 않다.

이 병은 6~12세 사이에 발생하는 대표적 신경발달장애이다. 1798년, 스코틀랜드 의사인 알렉산더 크라이턴Alexander Crichton 박사가 지금의 ADHD와 유사한 첫 사례를 보고했다. 이후 미국 의학 진단 체계에 공식적으로 도입된 것은 1968년으로, 역사가 오래된 병이다. ADHD의 대표 증상은 부주의와 과잉 행동, 충동성이다. 초등학생 10명 중 1명 정도에게 나타나며, 그중 70퍼센트는 청소년기까지 지속되고 50퍼센트는 성인기까지 이어질 수 있다.

ADHD 아이의 집중력

• • •

성철이가 ADHD 진단을 받은 후 부모는 2주 간격으로 수개월간 부모 교육을 받았다. 아이에게 '사후 잔소리'를 하기보다 '사전 알람'을 해주기를 권고하면서 가정 내에서 아이의 문제 행동 하나하나에 대응할 태도를 교육했다. 이른바 부모와 함께하는 행동수정요법이다.

가령, 성철이에게 "어서 일기 써라!"라고 지시하는 것은, 아이가 책상 앞에 앉아 일기장을 편 후 한 문장을 쓰기까지의 시간이 오래 걸리게 만드는 지시법이다. 대신 일기 쓰기 전에 "성철아, 오늘 있었던 일에 대해 생각해볼까?"라고 말한 후 아이가 그날 겪은 일을 이야기하면, 그것에 대해 어떤 점이 가장 좋았는지 말하게 한다. 그 후 일기의 주제가 정해지면 "그럼 첫 문장을 그 이야기로 시작하면 좋겠다"라고 하여 일기 쓰기까지의 시작 과정을 보조해주어야 한다. ADHD 아이들은 어떤 숙제나 일기를 시작하기까지의 시간이 오래 걸리고, 수행을 하다가 중간에 막히면 다른 일로 주의가 쉽게 분산

되므로, 사전에 미리 그럴 일을 만들지 않는 것이 좋다.

또한, 아이가 잘한 행동에 대해서는 아낌없이 칭찬하되, 남에게 피해를 주는 행동에 대해서는 미리 아이와 함께 정한 불이익 항목을 이행하게 하는 것이다. 이때 부모의 태도와 원칙이 일관돼야 하고 반응은 즉각적이어야 한다. 불이익은 아이가 실행할 수 있고 상징적인 것이 좋다. 예컨대, 미리 아이와 협의한 행동계약서에 '동생 때리는 행동'에 대해 불이익을 받기로 약속했다면, 받았던 '칭찬스티커를 하나 또는 두 개 떼기'도 불이익이 될 수 있다. 여기서의 핵심은 불이익이 아이에게 물리적으로 고통을 주거나 분노를 일으켜서는 안 된다는 것이다. 단지, 문제 행동을 했을 때 자신에게 손해가 따른다는 것을 알게 하는 것이 중요하다. 가끔 수학 문제지 5장 더 풀기, 피아노 연습 30분 더 하기 등 공부나 과제를 벌칙으로 사용하는 부모도 있는데 이는 바람직하지 않다.

나는 동시에 성철이와 같은 ADHD 아이들에게는 약물 치료가 필요하다고 말했다. '약물 치료'라는 말에 부모의 표정이 심각해졌다. 부모는 아이가 약물에 중독되어 평생 약에 의존하게 될까 봐 걱정이 컸다.

"ADHD 증상이라고 말씀하신 것들은 대부분 남자아이가 어릴 때 보이는 모습이 아닌가요? 저도 어릴 때 무척 부산했는데 지금은 멀쩡합니다. 왜 약물 치료까지 받아야 하는지 솔직히 이해가 안 갑니다."

성철이 아빠는 다소 강한 어조로 약물 치료에 대한 반감을 표현했다.

"네, 맞습니다. 보통 아이들도 가끔 보일 수 있는 행동들이죠. 하지만 일반적인 아이들은 집중해야 할 일이 생기면 비록 흥미가 없어도 40분 정도 집중할 수 있지만, ADHD 아이들은 사소한 자극에도 바로 흐트러집니다. 잠시는 집중할 수 있지만 몇 분 안 되어 다른 것으로 관심의 초점이 벗어났다가 돌아오기를 반복하죠. 그러다 보니 과제를 끝내는 시간이 다른 아이들보다 매우 더딥니다. 결국 마무리를 못 하기도 하고요."

예를 들어 수업 시간에 누군가 연필을 떨어뜨렸을 때 일반적인 아이들은 신경을 안 쓰지만, ADHD 아이들은 '저 연필이 어디로 갔을까?'에 대해 좀 더 길게 생각한다. 게다가 보통 아이들은 이런 일을 가끔 겪지만, ADHD 아이들에게는 이런 문제가 거의 매일 반복되어 학교생활이나 대인 관계 능력이 손상된다.

나는 진료실 책상 위에 놓인 뇌 모형의 맨 앞부분을 가리키며 설명을 이어갔다.

"여기가 사람의 실행 기능을 담당하는 전전두엽입니다. ADHD

아이는 전전두엽이 또래에 비해 느리게 발달합니다."

성철이 부모는 고개를 끄덕이며 뇌 모형을 응시했다.

실행 기능은 계획 세우기, 우선순위 정하기, 작업 기억력, 자기 객관화, 자기 조절 능력 등을 포함한다. 작업 기억력은 일상생활에서 필요한 단기 기억력 같은 것이다. 작업 기억력이 저하되면 다음과 같은 일이 벌어진다.

아이가 방에서 숙제하던 중 샤프심이 없어졌다. →샤프심을 찾으러 동생 방에 간다. →로봇 조립하는 동생을 본다. →순간 그 방에 온 이유를 까맣게 잊는다. →로봇 조립하는 동생을 참견한다. →숙제를 제시간에 마치지 못한다.

이런 ADHD 증상은 도파민이나 노르에피네프린 같은 신경전달물질이 수용체에 제대로 전달되지 않아 전전두엽이 원활하게 작동하지 못해 발현한다. 유전적인 영향을 받는 신경발달장애이므로 가족력도 꼼꼼히 점검해야 한다.

레오나르도 다빈치의 ADHD

• • •

"천재 화가 레오나르도 다빈치도 ADHD를 지녔다는 사실에 대해 혹시 들어보신 적 있나요?"

나는 10여 년 전 학회 차 이탈리아 피렌체를 방문했을 때 그의 대표적 미완성 작품 「동방박사의 경배」를 관람한 일을 떠올리면서 다빈치 이야기를 시작했다. 성철이 부모는 흥미롭다는 표정으로 내 말에 귀를 기울였다.

"우피치 미술관에는 다빈치의 미완성 작품들이 전시된 방이 있습니다."

국내외의 많은 ADHD 전문가들은 강의나 부모 교육 시간에 다빈치에 대해 자주 언급하는 편이다. 레오나르도 다빈치가 일생 완성한 작품은 20점을 넘기지 못한다. 왜 그렇게 미완성작이 많은 걸까? 유명한 미국 전기 작가 월터 아이작슨Walter Isaacson은 『레오나르도 다빈치』에서 "레오나르도는 구상을 현실화하는 것보다 미래를 위한 구상 자체를 좋아해서 현재에 집중하지 못하고 쉽게 산만해졌다. 그는 인내심을 훈련받지 못한 천재였다"라고 말한다.

다빈치도 작품을 마무리하지 못하고 중도 포기가 많은 자신의 모습 때문에 상당히 괴로워했다고 한다. 새로운 펜촉을 시험하거나 무료한 시간을 보낼 때 노트에 "무엇이라도 완성된 것이 있는지 말해봐…… 말해봐……"라는 문장을 반복해 쓸 정도였다. 다빈치에게 작품을 의뢰하려다가도 그가 작품을 완성하지 못할 것이라는 의구심에 후원과 의뢰를 망설인 사람도 많았다.

다빈치가 인류의 역사상 다재다능한 천재임은 부인할 수 없지만, 집중력과 끈기 부족으로 주변 사람들과 동료들에게 신뢰감을 주지 못했음을 알 수 있다. 그 탓인지 경제적으로도 늘 돈이 부족했다고 전해진다.

산만한 충동적 행동에 가려지는 아이의 강점

• • •

나는 성철이의 부모님에게 '레오나르도 다빈치'에 대해 말한 후, 성철이에 대한 이야기로 다시 돌아갔다.

"성철이도 많이 힘들 겁니다. 진료 첫날, 아이에게 소원을 물었을 때 그 대답을 잊을 수가 없어요. '차분해지고 싶어요. 더는 혼나고 싶지 않아요. 칭찬받고 싶어요'라고 말했거든요. 아이가 일부러 그러는 것이 아닌데 부모나 선생님한테 늘 혼나기만 하니 자꾸 위축되고 마음속 깊이 화도 쌓이게 되어 우울증 같은 정서장애도 추가로 생길 수 있습니다."

부모는 원인에 근거한 치료법의 취지를 잘 이해했고 성철이는 약물 치료를 시작했다.

시간이 흐를수록 성철이의 문제 행동들은 하나둘씩 개선되기 시작했다. 겨울방학에는 그룹 사회성 치료*와 놀이 치료**도 병행했다.

혼나는 빈도가 확연히 줄었고 자신감이 생겼다. 단짝도 생기고 반 친구들에게 인기도 많아졌다. 운동신경이 특히 뛰어나 축구나 농구를 잘했다. 부산스럽고 충동적인 행동들에 가려 보이지 않던 성철이의 강점들이 빛을 발하기 시작했다.

10개월 정도 지났을 무렵, 부모는 성철이가 이제 학교생활도 잘하고 부모와의 관계도 많이 좋아졌으니 병원에 그만 오고 싶다고 말했다. 치료 효과가 없어서가 아니라 오히려 극적이어서 아이가 평생 병원에 의존할까 봐 겁난다고 했다. 성철이가 치료를 중단한 지 3년이 되어간다. 올해 5학년이 되었을 성철이가 장기간의 코로나 시기를 잘 버텨내고 순조롭게 학교생활에 적응하고 있기를 진심으로 바란다.

★ 행동치료를 또래와 함께 진행하는 것으로, 흔히 4명 정도의 소규모 그룹으로 결성해서 약 12~16회기 세션을 진행한다. 예를 들어, 보드게임을 함께 하면서 규칙을 따르고 순서를 지키며 졌을 때 좌절을 견디거나, 생각하고 행동하기, 부모 교육 등의 내용이 함께 세션에 포함된다.

★★ 일종의 심리치료로서, ADHD로 인해서 자신감이 없어지고 위축되며, 내면의 분노가 생긴 아이들의 경우에 우울이나 불안과 같은 정서적인 문제 해결을 위해 진행한다. 필수적인 것은 아니며 치료자와 1대1로, 그림이나 다양한 놀잇감을 가지고 진행하는 경우가 대부분이다.

주의력결핍과잉행동장애(ADHD)

TIP 지금 부모가 실천할 수 있는 일

☑ 부모가 아이의 산만성과 충동성의 이유를 충분히 인식할 것. (즉, 아이가 의도적으로 하는 행동이 아니며, 크면 저절로 좋아지는 모습이 아니라는 것을 알아야 함.)

☑ 부모가 아이의 특성과 행동을 미리 예측하고 '사후 잔소리'가 아닌 '사전 알람'으로 ADHD 증상을 완충할 것.

☑ 반복적으로 나타나는 문제 행동에 대해서는 가정에서 행동계약서를 작성해서 칭찬 또는 불이익을 줌으로써 행동을 교정하는 행동수정기법을 시행할 것.

☑ 학교 교사와 긴밀하게 소통해서 가정과 학교에서의 대처가 일관될 수 있는 환경을 만들 것.

03
성인이 되어도 ADHD가 의심되는 경우
: 주의력결핍과잉행동장애 2

성인의 ADHD를 치료하기 위해서는 심리치료를 통해
부정적인 자아상을 개선하는 과정을 우선적으로 가져야 한다.

성인이 ADHD임을 자각할 때
• • •

성철이 이야기를 통해 주의력결핍과잉행동장애의 어린 시절 증상과 원인 및 치료에 대해 살펴봤다. 어른이 ADHD일 경우에는 어떤 모습인지, 어떤 개입이 필요한지에 대해서도 얘기해보려고 한다.

4년 전 일이다. 당시 스물한 살인 승혜가 다소 머뭇거리면서 혼자 내 진료실에 들어왔다. 단발머리에 펑퍼짐한 후드티를 입은 여대생이었다. 기초설문지에 기록된 내원 사유를 보니 '일반 정신건강의학과에서 ADHD 클리닉 방문을 권유함'이라고 적혀 있었다.

내가 "지금 대학교 2학년이네요? 전공이 뭔가요?"라고 묻자 승혜는 긴장한 상태로 "아, 산업디자인 전공입니다"라고 대답했다.

평범해 보이는 승혜가 정신건강의학과를 처음 찾은 이유를 알아보려고 그동안 어떤 어려움이 있었는지 물었다.

"좀 불안하고 우울해서요. 실은 제가 어릴 때부터 다소 산만했거든요. 건망증이 심하고 하도 뭘 자꾸 잃어버려서 초등학교 때 엄마가 저를 소아정신과에 데려가서 상담받게 한 적도 있어요. 병원 원장님이 그 이야기를 듣고서는 저를 소아정신과 ADHD 클리닉에 가보라고 소개해주셨습니다."

여전히 조금 긴장해 있는 승혜에게 "언제부터 불안하고 우울했나요? 조금 자세히 얘기해줄 수 있어요?"라고 다시 더 깊이 물었다.

"대학생이 되니까 과제가 너무 많아요. 제출 마감 직전까지 미루다가 못 낸 적도 있고, 팀 프로젝트에서는 제가 맡은 부분을 제시간에 못 마쳐서 팀원들을 실망시키고 미안해하는 일이 반복됐어요. 맨날 주눅이 들게 되고 스트레스가 너무 많아요. 제 자신한테도 화가 나고요."

승혜는 대학 생활을 하며 감정이 많이 쌓인 것 같았다. ADHD 클리닉에 방문해보라고 권유받은 직후, 승혜는 성인의 ADHD를 다룬 어느 주간지 기사를 읽었다. 그 내용이 승혜가 겪고 있는 문제와 거의 일치했다.

"선생님, 마치 눈이 번쩍 뜨이는 기분이었어요. '아, 내 문제가 이것 때문이었구나. 왜 이제야 알았을까!' 평소 제 성격에 문제가 있다고 생각해서 많이 자책하고 항상 우울했는데, ADHD는 치료받을 수 있다고 해서 이렇게 왔습니다."

성적 좋은 아이의 ADHD는 감춰진다

• • •

승혜는 중학교 때까지 반에서 늘 5등 안에 드는 상위권 성적이었다고 한다. 비록 물건을 잘 잃어버리고 덤벙대기는 했지만 학업성적이 나쁘지 않았고 친구 관계도 좋았다. 그러다 고등학교 입학 후에는 학습량이 많아지고 대학 입시가 다가오면서 내신 등급이 기대만큼 잘 나오지 않아서 공부에 대한 자신감이 급격히 저하됐다. 평소 취미로만 하던 미술 분야로 진로를 결정한 것은 그 때문이었다.

대학에 입학한 뒤 승혜는 주말마다 카페 아르바이트를 했다. 손님의 카드를 결제하는 과정에서 실수를 반복했고, 메뉴도 잘못 전달하기 일쑤였으며, 손님과 잦은 말다툼을 벌여서 카페에서 여러 번

해고를 당했다. 학교에서 실기 시험을 앞두고는 늘 시간에 쫓겼고 미처 마무리하지 못한 과제를 제출한 일이 많아서 1학년 1학기부터 학사 경고를 받았다.

나는 승혜에게 어릴 때 소아정신과에서 검사했던 결과는 어떠했는지, 그리고 왜 치료를 받지 않았는지 물어봤다. 승혜는 그때 자신이 너무 어렸어서 잘 모르겠다고 대답했다. 2주 뒤 승혜는 부모님과 함께 다시 방문했다. 승혜 어머니는 10여 년 전 검사지를 그대로 보관하고 있었다. 기록은 얼마 되지 않았다. 상담 기록과 검사지를 훑어본 결과, 승혜가 치료를 받지 않은 이유를 어느 정도 알 것 같았다.

우선 승혜의 인지 기능이 상당히 우수했다. 초등학교 성적이 좋았고 학교에서도 부정적인 평가는 없었다. 다만 매사에 건망증이 심해서 학교에 뭔가를 두고 오거나, 준비물을 다 챙겨놓고도 집에 빠뜨리고 등교하는 일이 많았다. 그때 소아정신과 전문의가 약물 치료를 포함한 ADHD 치료를 권유했지만, 승혜의 부모는 아이가 커가면서 점차 좋아질 거라고 생각하여 더 이상 병원을 찾지 않았다.

승혜는 스스로 자기 문제를 보완하기 위해 나름대로 노력했다고 말했다. 예컨대 학교에 가져갈 물건을 하루 전날 현관에 내놓거나, 자신이 해야 할 일을 잊지 않으려고 메모를 해두는 등으로 노력한 것이다. 그 결과, 승혜는 고등학교를 무난하게 졸업할 수 있었고 본인이 원하는 전공과에 합격했다.

ADHD는 본래 6~12세 사이에 발병하지만, 인지 기능이 우수하고 부주의성 유형(과활동성이나 충동성이 두드러지지 않는 유형)인 경우에는 그 증상이 잘 드러나지 않는다. 문제 행동이 없어서 주변에 피해를 주는 일도 없고, 지능이 양호해서 학습량이 그리 많지 않은 시기에는 학업성적에도 큰 영향이 없기 때문이다. 그러다 보니 승혜 같은 사례는 어린 시절에 ADHD인 줄 모르고 지나치는 경우가 많다.

또한 부주의성 유형의 ADHD는 부모나 남들에 의해서는 잘 의뢰되지 않는다. 승혜의 부모처럼 병원을 두세 차례라도 방문한 경우는 상당히 예외적이다. 대부분은 어린 시절에 큰 문제의식을 가지지 않다가 성인이 되어 스스로 ADHD를 치료받고자 내원하는 경우가 많다. 주변에서 부정적인 평가가 많지 않아도 본인이 너무 힘들기 때문이다. 대학생이 되고 사회에 나가면 처리해야 할 다양한 업무와 복잡한 대인 관계가 그동안 해왔던 자신의 보완 노력을 한계에 다다르게 하기 때문이다. 승혜도 그런 상태에서 나를 찾아온 것이다.

성인기 ADHD를 반드시 치료해야 하는 이유

● ● ●

ADHD는 초등학생 시기에 10명 중 1명 정도에게 나타나고 그중 70퍼센트가 청소년기까지, 50퍼센트가 성인기까지 이어지므로 성인 ADHD의 빈도는 100명당 3~5명 정도 나타난다. 어린 시절에는 남녀 비율이 4 대 1 정도이지만, 성인의 경우에는 남녀가 동등한 비율로 존재한다. 여성은 부주의성 유형이 많아 뒤늦게 인식하게 되는 경우가 많기 때문이다.

성인의 ADHD에서 문제가 되는 주요 증상은 부주의성과 충동성이다. 예를 들어 부주의성 증상은 미리 계획을 세우기가 어렵고, 일의 우선순위를 정하지 못해 우왕좌왕하는 모습으로 나타난다. 또한, 일을 미루거나 시작한 일을 마치지 못하고, 업무 시간 예측이 안 되어 시간 관리를 못 하는 증상도 보인다.

충동성도 여러 영역에 문제를 초래한다. 한 직장이나 학교를 안정적으로 다니지 못하고, 대인 관계에서 잦은 다툼이 있으며, 중요한 일도 충동적으로 결정한다. 운전을 급하게 해서 사고가 자주 나거나 제한속도 위반이 잦다. 어린 시절에 비해 과활동성은 나이가 들어가면서 점차 줄어든다. 그래도 과활동성이 여전히 남아 있는 성인 ADHD의 경우, 늘 목적 없이 안절부절못하고, 주말이나 여가 시간에도 편히 쉬지 못한 채 지속적으로 분주한 모습을 보인다.

또한 소아청소년기 ADHD가 품행장애, 학습장애, 불안장애 등을 흔히 동반한다면 성인기 ADHD에는 우울증과 불안장애, 알코올 의존, 게임 중독 등이 동반될 수 있다. 승혜는 초기 우울 증상이 동반된 상태로 왔다.

성인기 ADHD의 진단을 까다롭게 만드는 이유는 어린 시절의 모습에 대한 정보가 부족한 상태에서 다른 파생 문제들, 예컨대 우울증이나 불안증이 주된 증상으로 먼저 인식되기 때문이다. 따라서 성인에게 ADHD 진단을 내릴 때는 상세한 과거력을 통해 어린 시절에는 어떻게 행동했는지 아동기의 모습을 신중하게 파악하는 것이 중요하다. 본인의 주관적인 과거 기억에 의존하는 것보다는 부모의 이야기나 초등학교 학교생활기록부 등 보다 객관적인 자료들이 있다면 도움이 된다.

승혜는 어린 시절에 상담한 과거 기록이 ADHD로 진단하는 데 상당한 도움이 되었다.

부정적 자아상을 개선하는 것부터
• • •

성인의 ADHD를 치료하기 위해서는 심리치료를 통해 부정적인 자아상을 개선하는 과정을 우선적으로 가져야 한다. 즉 자신이 겪는 문제에 대해 새로운 시각을 제공하여 불필요하게 자신을 질책하지 않도록 하는 것이다. 일상생활과 업무에 대한 코칭을 포함해 인지행동치료를 받는 것도 중요하다. 성인 ADHD 치료제로 공인된 약물도 효과가 좋다.

성인 ADHD 자가보고척도*

	1	2	3	4	5
어떤 일의 어려운 부분을 끝내놓고, 그 일을 마무리 짓지 못해 곤란을 겪은 일이 있습니까?			■	■	■
체계가 필요한 일을 해야 할 때, 순서대로 진행하기 어려운 경우가 있습니까?			■	■	■
약속이나 해야 할 일을 잊어버려 곤란을 겪은 일이 있습니까?			■	■	■
골치 아픈 일을 피하거나 미루는 경우가 있습니까?				■	■
오래 앉아 있을 때 손을 만지작거리거나 발을 꼼지락거리는 경우가 있습니까?				■	■
마치 모터가 달린 것처럼 과도하게 혹은 멈출 수 없이 활동을 하는 경우가 있습니까?				■	■

★ 음영칸에 해당하는 개수가 4개 이상이면 성인 ADHD를 의심해볼 수 있다.

승혜는 자기 상태를 어느 정도 인식하고 내원했기에 치료 경과가 상당히 좋았다. 자신의 실수나 문제를 보완하기 위한 노력을 이미 해왔기에, 그 노력을 더욱 효율적으로 잘 활용할 수 있도록 코칭하고 다듬는 과정을 지속했다. 예를 들어, 약속 시간을 자주 잊어버리는 문제에 대해서는 스마트폰의 일정관리 기능 또는 알람 기능을 반드시 이용하도록 훈련하기, 아르바이트나 직장을 선택하는 데 있어 업무량이 과도한 일보다는 규칙적이고 예측 가능한 업무를 할 수 있는 곳 선택하기 등이었다. 승혜는 많은 사람을 상대해야 하는 카페나 식당이 아닌 도서관 사서, 서점 책 정리 등의 아르바이트를 구했다. 동시에 대인관계 기술 훈련과 분노조절 훈련도 병행했다.

ADHD로 인해 벌어질 실수를 최대한 줄일 수 있는 선택과 방법을 승혜와 의논하여, 리스트를 작성하고 실천하도록 인지행동기법을 동반한 코칭을 지속하였다. 이 과정에서 자신의 증상을 개선하려는 의지가 치료의 성패에 가장 중요하다. 승혜는 치료 의지가 매우 강했다. 방문 때마다 주치의가 내준 과제를 성실히 이행했고 점차 일상생활 속 실수가 줄어드는 자신의 모습에 뿌듯해하며 치료에 더욱 적극적으로 임했다.

승혜는 대학을 졸업한 후 디자인 스타트업 회사를 창업했으며 6개월에 한 번씩 상담을 받고 있다.

성인 주의력결핍과잉행동장애(ADHD)

TIP 나 자신을 위해 스스로 실천할 수 있는 일

- ☑ ADHD라고 의심될 때 주저 없이 상담과 검사를 받을 것.
- ☑ 스스로를 비하하거나 자책하지 말 것.
- ☑ 증상을 보완하거나 완충할 수 있는 일을 선택할 것.
- ☑ 일정관리 프로그램과 알람을 적절히 사용하고 일의 우선순위를 반드시 정한 후 시작할 것.

04

남들 앞에 서면 몸이 굳는 아이
: 무대 공포증

자신에게 가장 큰 공포가 무엇인지를 묻는 설문 조사에서
'대중 앞에서 말하는 공포'가 1등을 차지했다.

남들 앞에 혼자 서야 하는 두려움

● ● ●

종민이는 발레를 전공하는 예고 1학년 남학생이었다. 처음 만난 날, 상기된 얼굴로 내 진료실에 들어섰다. 발레를 전공하는 남학생을 진료실에서 만나는 일은 매우 드물다. 그래서 그런지 10년이 넘은 지금까지도 그날은 생생하다. 나는 우선 아이와 단독으로 이야기

를 나누기 시작했다. 나는 아이의 표정과 몸짓을 살피며 물었다.

"무대에 서는 게 힘들다고 했는데 구체적으로 설명해줄 수 있나요?"

종민이는 예고에 입학한 후 첫 실기 시험에서 너무 긴장한 나머지 무대에서 소변을 지리고 다리가 뻣뻣해져 회전과 점프를 거의 못 해 시험을 망쳤다고 한다. 문제는 그 이후였다. 단체 공연이나 팀으로 오르는 무대는 그럭저럭 잘해냈으나 혼자 무대에 서야 하는 경우에는 몇 시간 전부터 현기증과 복통이 심하여 보건실로 가는 일이 잦았다. 종민이는 자기 문제를 잘 알고 있었다.

"선생님, 저한테 무대 공포증이 있는 것 같아요. 예고 친구 중에 병원에서 치료받는 아이가 있어서 소개받고 왔습니다."

종민이는 어린 시절부터 겁이 많고 섬세한 아이였다. 타고난 운동신경이 좋았고 몸이 유연했던 종민이는 어릴 때부터 가족들 앞에서 음악에 맞춰 춤추는 것을 좋아했다. 그런데 초등학교 6학년 학예회 연극 공연에서 자기 대사를 잊어 반 친구들과 학부모들 앞에서 창피를 당했던 사건이 있었다.

이후 종민이는 남들 앞에서 발표할 기회를 의도적으로 피했다. 도저히 피할 수 없을 때는 발표 전 연습을 친구들보다 두세 배 많이 했다. 고전무용을 하던 누나의 권유로 중학교 2학년 때 발레를 시작했고, 그 이후부터 무대를 피하는 것에는 한계가 있었다. 무대를 앞두고 아무리 반복해 연습해도 무대 당일이면 긴장감을 이기지 못한 채 크고 작은 실수가 자주 생겼다. 종민이의 자신감은 바닥으로 떨어졌고, 발레를 포기하기 직전에 병원을 찾은 것이다.

죽음보다 더한 공포

• • •

무대 공포증은 사회불안장애의 하위 유형 중 하나이다. 사회불안장애란 다른 사람들 앞에서 실수하거나 당황한 일을 경험한 뒤 여러 사회적 상황을 피하고, 이로 인해 대인 관계와 사회적인 기능이 저하되는 불안장애이다. 대표적으로 연단에 서서 많은 사람 앞에서 얘기할 때, 낯선 사람이나 이성과 대화를 나눌 때, 무대에서 공연할 때 그 증상이 나타난다. 종민이처럼 사회불안장애 중 어떤 일을 수행하는 경우에만 국한해서 불안을 경험하는 경우를 수행불안, 무대 공포증이라고 부른다.

사회불안장애 진단 기준
① 타인에 의해 주시되는 사회적 상황에 대한 심각한 불안과 공포를 느낀다.
② 자기 행동이 부정적으로 평가되거나 자기 불안이 남에게 노출될까 봐 두려워한다.
③ 사회적 상황에 노출되면 거의 예외 없이 불안을 유발한다.

④ 사회적 상황을 회피하거나 극도의 불안과 공포 상태로 견뎌낸다.

⑤ 사회적 상황에 대해 통상적이거나 실제 위험의 정도를 훨씬 넘는 불안, 공포를 보인다.

⑥ 불안, 공포, 회피 행동이 6개월 이상 지속돼야 한다.

⑦ 사회적 상황에 대한 불안, 공포, 회피로 인해 정상적인 일상생활, 직업, 학업 또는 사회적 활동에 심각한 장애와 고통을 유발한다.

※ 수행단독형 : 사람들 앞에서 수행(발표, 연주, 공연)해야 하는 상황에서만 공포를 보이는 경우

올해 80세가 된 세계적 가수이자 영화배우인 바브라 스트라이샌드Barbra Streisand는 무대 공포증을 앓았던 유명인으로 자주 언급된다. 그는 1967년 어느 날 뉴욕 센트럴파크에서 12만 명이 넘는 대중 앞에서 노래를 부르다가 연거푸 3곡의 가사를 잊어 우두커니 서 있었다고 한다. 그녀는 그 충격으로 27년 동안 자선 콘서트를 제외하고는 무대에서 라이브 공연을 하지 않았다.

역사적인 인물 중에도 그 예가 있다. 그리스와 로마 영웅들을 다룬 명작 『플루타르크 영웅전』에는 데모스테네스Demosthenes와 마르쿠스 툴리우스 키케로Marcus Tullius Cicero가 나란히 등장한다.

고대 그리스의 최대 웅변가이자 정치가인 데모스테네스는 처음부터 연설을 잘하는 사람이 아니었다. 그는 연설 중에 말을 심하게

더듬었고 긴장을 너무 많이 해서 한쪽 어깨가 올라갔는데, 그것을 과도하게 의식하여 연설에 집중하지 못했다. 이를 극복하기 위해 연설을 앞두면 지하실에서 등잔불을 켜놓고 반복적으로 연습했다고 한다. 입안에 자갈을 물거나, 올라가는 어깨 한쪽에 칼을 매다는 등 지독하게 연습했다. 동료이자 경쟁자였던 웅변가도 "당신의 연설에서는 지난밤에 태운 촛불 냄새가 나는군요"라고 조롱할 정도였다.

로마 시대의 정치가이자 변호사이면서 뛰어난 웅변가로 유명한 키케로 또한 연설 공포가 있었다고 한다. 미국 저널리스트이자 불안장애 환자인 스콧 스토셀Scott Stossel은 자기 저서 『나는 불안과 함께 살아간다』에서 "나는 연설을 시작할 때 창백해지고 사지가 떨립니다"라는 키케로의 고백을 인용한다.

2012년에는 흥미로운 연구가 있었다. 미국 네브래스카대학의 두 연구원은 대학생 815명에게 자신에게 가장 큰 공포가 무엇인지를 묻는 설문 조사를 했다. 결과는 '대중 앞에서 말하는 공포'가 1등을 차지했다고 한다. 놀랍게도 죽음에 대한 공포보다도 순위가 높았다.

실수 없이 완벽해야 한다는 압박감

• • •

국내에서 사회불안장애는 1,000명당 5명 정도로 발생하고, 남성보다 여성에게 발생하는 빈도가 높다. 연주자를 대상으로 시행한 대규모 연구에서는 약 25퍼센트의 연주자들이 무대 공포를 경험한다고 발표했다.

인간은 왜 대중 앞에서 이토록 불안한 것일까? 다른 정신장애와 마찬가지로 사회불안장애는 기질적으로 타고난 성향, 즉 유전적인 특성과 환경적인 요소가 상호 작용해서 나타난다. 어린 시절에 많은 사람 앞에서 경험한 당황스러운 사건이 트라우마가 되어 영향을 미치기도 하나, 모든 경우가 그런 것은 아니다.

종민이의 경우에는 초등학교 시절에 연극 대사를 잊어버린 사건이 트라우마가 되었을 수 있다. 게다가 종민이 아빠는 공황장애를 앓은 적이 있다. 불안장애를 지닌 가족 구성원이 있다는 사실은 매우 중요한 위험 요소이다.

엄마와 면담하는 동안 아이의 어린 시절에서 또 하나의 위험 신호도 파악할 수 있었다. 종민이가 집에서와는 달리 유치원에서 선생님과 친구들에게 말을 거의 하지 않는 모습을 보였던 것이다. 그랬던 기간이 그리 오래되지 않았기에 부모는 그 일을 잊고 있었다. 아이가 그저 소심하고 수줍음이 많아서 그런 것으로 여겼다. 게다가 종민이는 매사에 자기 일을 완벽하고 꼼꼼하게 처리했으므로 더욱 대수롭지 않게 생각했다.

종민이는 겁이 많고 늘 실수에 대한 걱정이 큰 아이였다. 특히 예고에 진학하면서 완벽하게 춤을 춰야 한다는 생각이 깊게 자리 잡고 있었다. 그 근간에는 공연 때마다 찬사를 받으며 입상하는 누나에 비해 자신이 부족하다는 생각이 깔려 있었다.

비합리적인 생각의 고리를 끊어라
• • •

종민이는 약물 치료에 대한 거부감이 전혀 없었다. 오히려 반겼다. 이미 약을 복용할 마음을 지니고 방문한 것 같았다. 항불안제인 세로토닌 재흡수 차단제SSRI를 복용하면서 공연 전의 현기증이나 빈뇨, 복통 같은 신체 증상은 많이 완화됐다. 그런데도 공연을 앞두고 실수에 대한 두려움, 완벽에 대한 강박은 쉽게 개선되지 않았다.

인지행동치료를 시작했다. 종민이는 무대에만 서면 입학 후 첫 실기 시험에서 실수한 일이 저절로 떠올랐다. 공연 전에 조금이라도 소변이 마려우면 '지난번처럼 무대에서 소변을 지리고 다리가 굳어서 회전도 점프도 제대로 못 할 거야'라는 생각으로 연결됐다. 약물 치료로 여러 신체적 증상이 완화됐는데도 약간의 신체적 반응에도 최악의 결과를 상정하여 걱정했다. 이를 '재앙화 사고catastrophic thinking'라고 한다. 치료는 '탈재앙화 사고'를 하도록 하는 것이다. 즉 소변이 마려운 신호에서 공연의 실패라는 결과로 이어지는 생각의 흐름이 비합리적이라는 것부터 아이에게 인식시켰다.

종민이가 직접 종이에 생각의 고리를 도식화하도록 했다. 본인도 이런 예측이 과도하다는 것은 막연히 인식하고 있었다. 자기 몸에서 일어나는 신호와 결과 사이를 연결하는 합당한 증거들이 거의 없음을 확인해가면서 불합리한 사고들이 점차 합리적으로 변해갔다. 환자들은 대부분 자기 생각이 불합리하다는 것만 인식해도 호전된다. 인식하면 자기 생각을 통제할 수 있기 때문이다.

노출 기법도 흔히 사용되는 인지행동치료이다. 불안한 상황을 점진적이고 반복적으로 접하게 해서 그 불안이 점차 줄어들게 만드는 것이다. 종민이에게도 노출기법을 적용했다. 중요한 실기시험이 아니면 크고 작은 무대를 거의 피했던 종민이에게 일단 어떤 무대든 무조건 올라가도록 권고했다. 막상 무대에 올라가자 다리가 굳지 않았고 큰 실수 없이 공연을 해내는 빈도가 늘기 시작했다. 점차 무대에 오르기 전이면 여지없이 나타난 신체적 증상이 줄기 시작했고, 실수에 대한 예기 불안이 희석되어갔다.

종민이는 치료에 대한 의지가 강했고 문제에 대한 통찰이 뛰어났다. 그 덕분에 빠르게 호전됐다. 미성년 시절에 만난 종민이가 이제는 무대 공포증을 극복하고, 세계무대에서 활발히 활동하고 있으리라 굳게 믿는다.

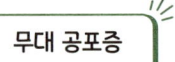

무대 공포증

TIP 지금 부모가 실천할 수 있는 일

- ☑ 누구나 남들 앞에서 무언가를 수행할 때 불안이 따른다는 것을 인식시키고 아이의 수행 불안에 대해 공감해줄 것.
- ☑ 평상시 수행의 결과보다는 시도 자체와 수행 과정을 칭찬할 것.
- ☑ 미리 불안해하며 무대를 피하는 경우 회피를 허용하기보다는 도전할 수 있도록 격려할 것.
- ☑ 무대에 서기 전 "실수하면 좀 어때?"라는 마음으로 올라가도록 격려할 것.
- ☑ 무대 후 작은 실수에 집착한다면, 무대에서 느낀 긍정적 감정(예 : 스스로 뿌듯함)을 나누고 끝까지 마친 것에 대해 크게 칭찬할 것.

인간은 왜 대중 앞에서 이토록 불안한 것일까? 다른 정신장애와 마찬가지로 사회불안장애는 기질적으로 타고난 성향, 즉 유전적인 특성과 환경적인 요소가 상호 작용해서 나타난다. 어린 시절에 많은 사람 앞에서 경험한 당황스러운 사건이 트라우마가 되어 영향을 미치기도 한다.

05
밤중에 일어나는
수면문제에 대해
: 몽유병과 야경증

충분한 수면은 아이들의 정신 건강과 인지능력에 큰 영향을 미친다.

자면서 돌아다니기 시작한 아이
• • •

유치원생인 민주는 매우 평범해 보이는 여자아이였다. 엄마 손을 잡고 들어온 아이는 처음에는 약간 긴장했지만, 시간이 지나면서 진료실 안의 풍경을 신기한 듯 둘러보았다.

"민주는 내년에 초등학교에 들어가는구나?"

나는 아이의 이름과 나이를 확인한 후 부드럽게 물었다.

"네, 맞아요. 언니가 다니는 학교에 들어갈 거예요."

민주의 대답이 꽤 야무졌다. 표정도 밝았다. 처음에는 민주와 부모가 왜 병원을 찾았는지 의아했다. "아이가 밤마다 일어나서 거실을 돌아다닙니다. 현관 앞에 우두커니 서 있기도 하고요. 아침에는 간밤에 돌아다닌 것을 전혀 기억하지 못합니다"라고 적힌 기초설문지의 내용을 보고서야 그 이유를 알게 됐다.

나는 부모에게 민주가 언제부터 그런 증상을 보였는지 물었다.

"두 달쯤 전부터였던 것 같아요. 그 무렵에 초등학교 입학 준비를 시키느라 한글과 수학 학습지를 시작했는데, 그 이후부터 문제가 생긴 것 같아요. 올해에는 영어 유치원으로 옮겼습니다."

"아, 그랬군요. 민주가 최근에 바빠지기 시작했네요"라고 내가 말하자 민주 엄마는 생각이 많아진 듯 혼잣말처럼 반문했다.

"근데 이제 초등학교에 들어가야 하는데 다들 그 정도는 시키지 않나요?"

나는 대답을 하지 않고 빙긋이 웃기만 했다.

"아이가 잠든 후에 대략 얼마나 지나서 일어나 돌아다니나요?"

내가 민주 엄마에게 다시 물었다.

"10시쯤 자면 자정 무렵에 일어나 돌아다녀요. 5분 정도 돌아다니다가 다시 잠자리로 들어갑니다."

"돌아다니는 민주한테 부모님이 말을 걸면 반응을 합니까?"

"아뇨. '민주야, 왜 일어났어? 화장실에 가고 싶어?'라고 말을 걸어도 아무 대꾸가 없고, 아이가 눈은 뜨고 있는데 사람을 쳐다보지도 않고 전혀 의식하지 않는 것 같았어요."

엄마는 어젯밤에도 민주가 돌아다녔다면서 생생하게 이야기를 이어갔다.

"아침에 아이한테 네가 어젯밤에 돌아다녔다고 말하면 '내가 그랬어? 정말?' 이러면서 믿지 못하겠다는 식으로 말해요. 그래서 제가 밤에 돌아다니는 아이의 모습을 찍은 영상을 보여줬는데 아이가 갑자기 막 울더군요. 자기가 기억상실증에 걸린 거냐고, 큰 병에 걸린 거냐고 하면서요."

엄마는 민주에게 동영상을 보여준 것을 후회하며 울컥했다.

"민주야, 무슨 큰 병에 걸린 것 아니야. 걱정할 필요 없어. 좋아질 거야."

나는 아이를 안심시킨 후 소아신경과에 뇌파 검사와 수면다원검사를 의뢰했다.

렘수면과 비렘수면의 기능

• • •

민주는 몽유병으로 진단받았다. 몽유병은 수면 중 비렘수면 단계에서 불완전하게 깨어나는 일이 반복적으로 나타나는 현상으로, 공식적으로는 '비렘수면각성장애'라고 부른다. 비렘수면각성장애로는 몽유병과 야경증(자다가 갑자기 비명을 지르며 놀라서 깨는 일이 반복적으로 나타나는 현상)이 대표적이다.

비렘수면각성장애 진단 기준
① 잠에서 불완전하게 깨어나는 일이 반복적으로 있다.
  • 몽유병 : 자다가 잠자리에서 일어나서 돌아다니는 일이 반복적으로 나타난다.
  • 야경증 : 자다가 갑자기 놀라서 깨어나는 일이 반복적으로 있다.
② 꿈 내용을 전혀 혹은 거의 기억하지 못한다.
③ 자면서 일어난 일에 대해 기억하지 못한다.
④ 자면서 일어난 일은 사회적·직업적, 혹은 다른 기억의 중요한 영역에서 임상적으로 유의미한 고통을 야기한다.
⑤ 비렘수면각성장애가 물질 등의 생리적인 효과에 기인하지 않는다.
⑥ 동반되는 의학적·정신적 장애가 몽유병이나 야경증의 삽화를 더 잘 설명하지 못한다.

인간의 수면은 주기를 가지고 있고, 크게 렘REM수면과 비렘Non-REM수면으로 나뉜다. 렘REM이라는 용어는 '빠른 안구의 움직임Rapid Eye Movement'의 약어로, 미국 시카고 의대의 생리학자이자 수면 전문가인 너새니얼 클라이트먼Nathaniel Kleitman 교수가 1953년 「사이언스Science」에 처음 발표했다. 클라이트먼 교수는 렘수면에서는 안구가 좌우로 빠르게 움직이는 반면, 비렘수면에서는 안구의 움직임이 거의 없으며, 이런 수면의 주기가 약 90분 간격으로 반복되는 것을 관찰했다.

비렘수면은 전체 수면 중에서 약 80퍼센트를 차지한다. 이는 신체적인 회복을 위해 꼭 필요하다. 렘수면에서는 꿈을 꾸고 정신의 피로를 회복한다. 비렘수면 동안 낮에 쌓인 피로를 해소하고, 상처와 뇌세포를 재생하며, 성장호르몬도 분비된다. 렘수면 동안 뇌는 낮에 일어난 일을 복습하고 활성화하는 과정을 거친다.

비렘수면은 다시 4단계로 나뉘는데 1~2단계는 얕은 수면이고, 3~4단계는 수면 서파(델타 수면)가 발생하는 깊은 수면이다. 몽유병과 야경증은 바로 비렘수면 중 깊은 수면 단계에서 나타나고, 간밤에 일어난 일을 아침에 기억하지 못한다는 공통점이 있다. 따라서 두 증상이 공존하는 경우도 드물지 않다. 단, 수면 시간이 짧은 낮잠 동안에는 발생하지 않는다.

몽유병과 야경증은 병리적인 뇌 기능의 문제 때문에 발생하는 것이 아니라 중추신경계의 활성 때문에, 비렘수면과 렘수면 상태가 교란되어 생긴다고 알려져 있다. 4~8세 일반 아동 중 10~30퍼센트가 경험할 정도로 흔하고, 여자아이보다 남자아이에게 많이 나타난다.

몽유병과 야경증의 원인은 정확히 알려진 바가 없으나 가족·유전적 요인이 관여한다고 본다. 즉 형제나 부모 중에 몽유병이나 야경증을 앓은 사람이 있다면 이를 경험할 확률이 10배 정도 높아진다는 것이다.

또한 신경계에 영향을 미칠 정도의 의학적 질환이나 수면 박탈, 정신적 스트레스에 의해 발생하기도 한다. 민주의 경우에는 초등학교 입학을 앞두고 학습량이 늘어서 피곤함이 쌓이고 정신적인 스트레스가 많아져 몽유병이 나타났을 가능성을 배제하지 못한다.

아이가 충분히 자지 못하면

아이들의 경우 수면이 충분하지 못하면 전전두엽 피질의 기능에도 문제가 발생한다. 수면량이 줄어들면 뇌로 전달되는 포도당 공급이 줄어드는데, 전전두엽 피질은 뇌 부위 중에서도 포도당을 가장 필요로 하는 부위이다. 전전두엽 피질은 문제를 해결하고 의사를 결정하며 감정을 조절하고 타인과 관계를 맺는 등 여러 중요한 기능을 담당한다. 이 기능이 부족해지면 집중력과 행동 조절 능력에 문제가 생겨서 산만하고 공격적인 행동이 나타날 수 있다.

웨이 쳉Wei Cheng 등은 2020년에 9~11세 아동 1만 1,000명을 대상으로 수면 시간과 정신 건강 사이의 상관성을 조사했다. 수면 시간이 7시간 이하인 아이들이 9시간 이상 충분히 자는 아이들에 비해 문제 행동이 1.5배 높았던 반면, 인지 기능은 7.8퍼센트 낮은 것을 관찰했다.

이처럼 충분한 수면은 아이들의 정신 건강과 인지능력에 큰 영향을 미친다. 연령에 따른 평균 수면 시간은 6세는 11시간, 9세는 10시간, 13세는 9시간, 16세는 8시간이다.

수면을 잘 취할 수 있는 환경 조성이 중요하다

• • •

민주는 평소에 밤 9시쯤이면 잠자리에 들었으나 초등학교 입학 준비를 하면서 10시 이후에 잠드는 경우가 많았고, 영어 유치원 스쿨버스를 타야 해서 일찍 일어나게 됐다고 한다. 부모는 민주가 영어 유치원도 재미있게 다니고 학습지도 열심히 해서 스트레스가 클 것이라는 생각을 하지 못했다. 진료실에서도 민주는 겉보기에는 꽤 씩씩하고 안정되어 보였다.

그러나 민주와 상담을 거듭하고 여러 평가를 진행한 결과, 민주는 또래 아이들보다 불안 성향이 다소 높고, 성취 욕구가 강해서 뭐든지 완벽하게 다 잘해내고 싶어 하는 아이였다.

유아기·소아기의 몽유병 치료는 대부분 특별한 치료가 필요하지 않고, 나이가 들어가면서 자연적으로 사라진다. 수면을 잘 취할 수 있는 환경을 조성해주는 것이 중요하다.

아이가 수면 중에 돌아다니다가 깨지기 쉬운 물건 위로 넘어지거나 창문으로 뛰어내리는 등의 사고를 방지하기 위해 미리 안전한 환경을 만들어야 한다. 낙상을 예방하기 위해 침대보다는 방바닥에 재우는 편이 좋다. 아울러 과도한 초콜릿 섭취는 비렘수면을 촉진하므로 삼가야 한다.

야경증도 불규칙한 수면 시간표와 수면 환경만 교정해줘도 저절로 좋아지는 경우가 많다. 즉 규칙적이고 충분한 수면이 치료의 핵심인 것이다.

민주는 영어 유치원을 그만뒀고 밤늦게까지 풀던 학습지를 낮 동안에 다 소화할 수 있도록 스케줄을 조정했다. 그 덕분에 10시간 이상의 충분한 수면 시간을 확보하게 됐다. 초등학교에 입학한 민주는 더는 병원을 찾지 않는다. 아마 저절로 좋아졌으리라 믿는다.

몽유병과 야경증

TIP 지금 부모가 실천할 수 있는 일

- ☑ 아이가 규칙적인 시간에 잠이 들고, 충분히 잘 수 있도록 아이의 일정을 조정할 것.
- ☑ 아이가 수면 중에 돌아다니다가 깨지기 쉬운 물건 위로 넘어지거나 창문으로 뛰어내리는 사고가 일어나지 않도록 미리 조처할 것.
- ☑ 아이가 무의식중에 침대에서 떨어지지 않도록 방바닥에서 재울 것.
- ☑ 초콜릿이나 콜라 등 카페인 성분이 들어간 음식을 과도하게 섭취하면 비렘수면을 촉진하므로 간식으로 너무 많이 먹지 않도록 조절할 것.
- ☑ 과도한 학습량이나 갑작스러운 환경 변화 등으로 인한 스트레스가 원인일 수 있으므로 아이가 어떤 스트레스를 받고 있는지 세심하게 살필 것.

06
아이가 외모 스트레스로 식사를 거부한다면
: 신경성 식욕부진증

어린 환자들은 자신이 얼마나 심각한 영양실조에 빠져 있는지
인식하지 못하고, 심지어 부정한다.

아이와의 밥상머리 전쟁
• • •

"이걸 씹어 삼킨다고 세상이 폭발하지는 않아."

이는 영화 「투 더 본To the bone」에 나온 대사 중 하나이다. 신경성 식욕부진증을 치료하기 위해 의사가 운영하는 '그룹 홈group home'에서 루크라는 환자가 주인공 앨런에게 초코 쿠키를 권하며 한 말이

다. 이 영화는 2017년 선댄스 영화제에서 최초로 상영된 후 넷플릭스에서 방영되어 전 세계인에게 '신경성 식욕부진증'이라는 정신장애의 심각성에 대해 화두를 던졌다. 신경성 식욕부진증은 일반인에게 흔히 거식증으로 알려져 있다. 신경성 식욕부진증 환자에게는 작은 과자 한 조각을 먹는 것조차 큰 용기이자 도전이다.

여중생 인혜는 입원할 당시에 키 153센티미터에 몸무게 30킬로그램으로 체질량지수가 13인 상태였다. 14세 여성 청소년의 체질량지수 정상 범위는 16~23이다. 내가 인혜를 처음 봤을 때 얼굴은 매우 창백했으며 곧 쓰러질 것처럼 비쩍 마른 몸을 하고 있었다. 인혜는 의료진에게 상당히 예의 바르고 공손한 태도를 보였지만, 기분이 어떠냐고 묻자 "먹기 싫은데 여기에서 억지로 먹으라고 강요할까 봐 겁이 나요"라면서 두려움을 표현했다.

인혜는 초등학교 4학년 때 부모를 따라 캐나다에서 3년간 살다가 6개월 전에 귀국했다. 아이는 초등학교 시절 캐나다에서 작은 얼굴의 백인 친구들과 함께 찍은 단체 사진을 볼 때마다 자신만 얼굴이 넓적하고 다리가 뚱뚱하다고 생각했다. 학교 화장실에서 거울을 보기가 싫어서 손만 재빨리 씻고 후다닥 뛰쳐나왔으며, 사진에 찍히는 것을 극도로 거부하기도 했다.

설상가상으로 6학년이 되면서 유일한 캐나다 친구였던 레이첼이 인혜를 피하고 다른 친구들하고만 어울리는 일이 생겼다. 인혜는

'내가 못생기고 뚱뚱해서 친구들이 나랑 같이 다니기 부끄러운가 보다'라고 생각했고, 버림받은 기분이 들었다. 이후에 인혜는 우울하고 식욕이 없어져 식사도 안 하고 평소 좋아하던 간식도 먹지 않게 됐다.

인혜는 공부마저 못하면 친구들에게 더 무시당할 거라고 생각하여 매일 예습과 복습을 하며 좋은 성적을 받으려고 노력했다. 인혜는 모든 일에 꼼꼼하고 완벽주의적인 성격이었다.

엄마가 식사를 차려주면 밥공기에서 4분의 1만 덜어 먹었고, 나물도 다섯 가닥을 정확히 세어 먹었다. 반찬 하나하나의 칼로리를 정확히 계산했고, 자신이 정한 하루 칼로리를 초과할 경우에는 무조건 음식을 거부하는 모습을 보였다. 점차 끼니를 굶는 횟수가 많아지고 체중이 28킬로그램까지 줄면서 엄마와 음식을 앞에 둔 채 "이건 먹자", "절대 안 먹는다" 하고 다투는 일이 잦아졌다.

부모는 인혜가 캐나다보다는 한국에서 스트레스를 덜 받을 거라고 기대했다. 서울의 한 중학교로 전학한 후 초반에는 잘 지내는 듯했으나, 식사 거부와 체중·체형에 대한 왜곡된 인식은 점점 심각해졌다.

자기 외모에 대한 아이의 왜곡된 인식

• • •

'신경성 식욕부진증'이란 신체 건강을 위한 정상 수준에 미치지 못하는 저체중 상태인데도 체중 증가를 극도로 두려워하는 정신장애로, 자신의 체중이나 체형을 왜곡해서 생각한다. 인혜가 객관적인 사실과 다르게 자기 외모가 못나고 뚱뚱하다고 왜곡해 지각하는 것이 전형적인 사례이다. 어린 환자들은 자신이 얼마나 심각한 영양실조에 빠져 있는지 인식하지 못하고, 심지어 부정한다.「투 더 본」에서 앨런이 "저는 제 건강이 심각하게 나쁘다고 생각한 적 없어요. 날씬한 게 건강하다고들 하잖아요."라고 말하는 장면은 이 병을 지닌 환자들의 전형적인 인식을 반영한다.

신경성 식욕부진증 진단 기준

① 에너지 섭취 제한으로 인해 나이, 성별, 발달 과정, 신체적 건강을 고려한 체중이 유의미하게 낮다. 유의미하게 낮은 체중은 최소한의 정상 체중보다 낮은 체중을 의미한다.

② 체중이 유의미하게 낮은데도 체중이 늘거나 뚱뚱해지는 것에 대해 극심한 두려움을 보일 뿐만 아니라, 체중 증가를 피하기 위한 행동을 지속적으로 한다.

③ 체중과 체형에 대한 경험이 왜곡되어 자신에 대한 평가에 체중이나 체형

의 영향이 지나치다. 또는 현재 낮은 체중의 심각성에 대해 지속적으로 인식하지 못한다.

역사적으로 신경성 식욕부진증의 초기 의학적 설명은 1689년에 영국 의사 리처드 모턴Richard Morton에 의해 기술됐다. 이후로도 관련된 사례들이 계속 발표되다가, 1873년에 빅토리아 여왕의 주치의 중 한 명이었던 윌리엄 굴William Gull 경이 '신경성 식욕부진증'이라는 용어를 만들고 상세한 사례를 통해 치료법을 제안했다. 영문 용어인 'Anorexia nervosa'의 anorexia는 그리스어에서 기원한 것으로, 부정을 의미하는 접두사 'an-'과 식욕을 의미하는 'orexis'의 합성어이다.

10대 청소년 중에서 신경성 식욕부진증은 1,000명당 3~7명 정도 발생하며, 여성 청소년이 90퍼센트 이상을 차지한다. 2020년 10월 국민건강보험공단이 제출한 국정감사 자료에 따르면 2015년 1,590명에서 2019년 1,845명으로 지난 5년 사이 16퍼센트 증가했다. 10대 청소년 중에서는 13~14세와 17~18세에서 가장 많이 발병했다. 최근에는 10세 미만의 어린 환자들도 늘고 있다. 아이들의 경우에는 병의 심각한 정도를 평가할 때 체질량 지수 자체보다는 나이와 성별에 따른 체질량 지수 백분위 중 어디에 속하는지를 파악해야 한다.

아이가 보내는 작지만 중요한 위험 신호들

• • •

아이에게 나타나는 신경성 식욕부진증의 신호를 부모가 초기에 알아채는 것이 중요하다.

예를 들어 엄마가 밥을 먹자고 할 때, 아이가 먼저 먹었다고 말하거나 나중에 먹겠다는 식으로 함께 식사하기를 피하는 경우가 있다. 남들 앞에서 먹지 않고 혼자 비밀스럽게 먹어야 음식의 종류와 양을 조절할 수 있기 때문이다. 아이가 식사할 때 음식 하나하나의 칼로리를 정확히 외우고 자신이 섭취한 칼로리를 계산하는 것도 징후이다. 식사 후에 아이가 지나치게 많이 움직이려 한다거나 운동을 못 하는 상황이 되었을 때 과도하게 불안해하는 것도 거식증의 중요한 신호이다.

거식증 환자의 경우에는 자기 방에서 몰래 먹은 과자 봉지나 음식 포장지가 발견되거나 먹은 음식을 화장실에서 토한 냄새나 흔적이 있기도 하다. 변비약이나 이뇨제 봉투가 발견되는 경우도 있다. 몇 년 전에 입원했던 어느 여고생은 병원에서 세끼 식사를 남김없이 다 비웠다. 하지만 몇 주 후에 아이가 그동안 뱉은 음식들을 싸놓은 휴지 무더기가 사물함 속에서 한꺼번에 발견됐다.

얼마 전부터 온라인 공간을 중심으로 지나치게 마른 몸을 선망하는 '프로아나pro-ana'라는 신조어가 유행하고 있다. 프로아나는 거식증anorexia의 식습관을 지지pro하는 행위를 의미한다.

이 현상은 인터넷 문화가 발달하기 시작한 1990년대 후반에서 2000년대 초반에 해외에서 처음 유행했다. 이후에 블로그와 SNS가 활발해지면서 최근 들어 2차 유행이 일어나고 있다. 많은 전문가는 '프로아나족'의 행위를 신경성 식욕부진증 환자들의 비정상적인 섭식 행위와 동일한 정신장애로 간주한다.

그러나 프로아나족은 자신들의 행위가 하나의 라이프스타일이라고 항변하며 심각하게 받아들이지 않는다. 최근에는 여기에 10대 청소년까지 가세했고, 심지어 초등학교 저학년 아이들에게도 '프로아나' 유행이 놀이처럼 퍼지고 있다.

신경성 식욕부진증은 사망률이 15퍼센트에 육박하는 위험한 질병으로, 초기에 개입해서 신속한 치료가 이뤄져야 한다. 프로아나의 유행은 치료시기를 늦추어 병세를 악화시킬 수 있다. 국가와 사회가 적극적으로 나서서 대책을 마련해야 한다.

음식을 앞에 두고 아이와 갈등하지 말 것

• • •

인혜는 심각한 우울증이 동반된 상태였다. 입원해 있는 동안 인지행동치료를 받았고 식행동 일지*도 빠짐없이 작성했다. 인혜가 자신의 신체를 왜곡해서 인식하는 것과 음식과 칼로리에 대한 잘못된 생각(예를 들면, '음식을 먹으면 바로 체중 증가로 이어질 것이다'와 같은 생각)을 교정하는 것이 인지행동치료의 핵심 과제였다. 섭취한 음식이 우리 몸에서 어떻게 대사되며 기초대사량이 무엇인지에 대해서도 교육했다. 인혜는 체중 증가에 대한 두려움과 동시에 칼로리와 체중에 집착하는 모습에서 벗어나고 싶은 의지가 강하게 있었다. 치료진은 인혜의 회복 의지와 치료적 동맹therapeutic alliance을 맺고 치료 의지를 한껏 격려했다. 인혜의 체중이 조금씩 늘어났고 영양 상태와 건강이 회복되기 시작했다.

신경성 식욕부진증을 지닌 청소년은 부모와 부부 사이, 아빠 또는 엄마와 아이의 관계, 형제간 라이벌 의식 등 가족적인 요인에 의해 크게 영향을 받기 때문에 가족에 대한 개입이 필수적이다. 특히 부모가 아이의 비정상적 식이행동과 기 싸움을 하지 않도록 해야 하고, 부모에게 아이의 기저에 지닌 사랑받고 싶은 욕구와 불안을 이해시켜야 한다.

★   하루 중 먹은 식사 종류와 식사량, 기분과 생각을 기록하는 것이다. 식이장애 환자들은 이러한 일지를 작성함으로써 자신이 음식을 먹기 전후 드는 생각과 감정을 느끼고 자기 관찰self monitoring 과정을 갖는다.

입원 치료와 몇 년간의 외래 치료를 통해 부모는 더 이상 음식을 앞에 두고 인혜와 싸우지 않게 됐다. 치료 과정에서 아이의 감정에 집중하여 대화하는 법을 터득했기 때문이다. 인혜를 못 본 지 꽤 오랜 세월이 흘렀다. 지금은 대학생이 되었을 인혜를 만난다면 이렇게 말해주고 싶다.

"인혜야, 너무 완벽해지려고 애쓰지 마. 너는 이미 많은 걸 성취했고 너무 잘하고 있어!"

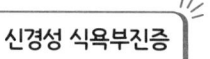

신경성 식욕부진증

TIP 지금 부모가 실천할 수 있는 일

- ☑ 아이와 체중, 음식 섭취 여부로 논쟁하기보다는 놀이시간을 갖고 서로 정서 교감을 할 수 있는 시간을 보낼 것.
- ☑ 아이 내면에 사랑을 잃을지도 모른다는 불안함이 가득하다는 사실을 알 것.
- ☑ 병원에서 진행하는 '인지행동치료'의 숙제와 '식행동 일지' 작성이 집에서 잘 유지되는지 격려하고 감독할 것.

(2)

하지 말아야 할 행동을 하는 것

07
매사에 부모에게 공격적으로 대드는 아이
: 적대적 반항장애

반항적인 아동의 부모는 심한 불화, 경제적인 어려움, 건강 문제, 개인적인 스트레스 등을 겪는 경우가 많다.

엄마를 때리는 아이

• • •

지친 표정의 엄마가 진료실로 터벅터벅 들어왔다. 아들이 뒤따라 들어왔다. 보통 엄마들은 진료실에 들어올 때 아이를 앞세우거나 손을 잡고 나란히 들어온다. 아이보다 먼저 들어와 의자에 앉는 엄마의 모습이 어색했다. 나는 엄마가 대기실에서 작성한 기초설문지를 빠르게 훑어봤다. 사전 설문지의 여러 문항 중 "자녀에 대해 상담하고 싶은 내용은?"에 "매사에 반항적이고 어른에게 대든다. 친구나 동생을 때림. 자주 화내고 남 탓을 많이 함"이라고 적혀 있었다.

수호는 초등학교 2학년이었다. 아이는 표정이 거의 없는 얼굴이었지만 입꼬리가 살짝 내려가 있었다. 내가 설문지를 읽는 동안 수호가 호주머니에서 작은 탱탱볼을 꺼내더니 통통 튕기기 시작했다. 엄마는 수호의 공을 거칠게 빼앗았다. 수호는 옆에서 엄마를 한참 째려보더니 주먹으로 엄마의 팔꿈치 위를 때리기 시작했다. 순식간에 벌어진 상황이었다. 엄마는 익숙한 일이라는 듯 당황하는 기색이 없었다.

"이거 보세요, 선생님. 제가 여기에 왜 왔는지 아시겠죠?"

엄마는 크게 한숨을 쉬며 말했다.

그러고 나서 엄마는 공을 던지듯 돌려주며 "엄마 아프다고. 제발 그만해!"라고 수호에게 소리를 질렀다. 수호는 공을 돌려준 엄마를 계속 째려보며 "빨리 사과해. 갑자기 빼앗아가서 미안하다고 사과하란 말이야!"라고 엄마에게 소리쳤다. 엄마는 "돌려줬으면 됐잖아. 왜 여기서까지 이걸 튕기고 난리니, 너는. 대체 엄마가 너를 어디까지 받아줘야 하니?"라고 맞받아쳤다.

나는 수분 사이에 벌어진 광경을 지켜보다가 엄마와 아들을 일단 분리하는 것이 좋겠다고 판단했다.

"수호 어머님, 죄송하지만 잠시 밖에 계시겠어요? 제가 수호와 먼저 이야기를 나눈 후 어머님을 다시 뵐게요."

아이의 분노가 시작된 이유

• • •

엄마가 흥분이 가시지 않은 채 자리에서 일어나 빠르게 나간 후 수호와의 대화를 시도했다.

"수호야, 엄마한테 뭐가 제일 화가 났어?"

"몰라요."

"그럼 엄마는 왜 때렸어?"

"엄마가 내 말을 안 들으니까요."

"아, 그게 무슨 뜻이지?"

"맨날 자기 마음대로만 해요. 저한테 물어보지도 않고."

"아, 엄마가 네 의견을 묻지 않고 행동한다고 생각하는구나."

"엄마는 제가 왜 그러는지 관심도 없어요."

수호는 처음에는 "몰라요"라는 대답으로 일관하다가 엄마에 대한 서운함과 분노를 표현하기 시작했다. 엄마가 자신은 사랑하지 않고 여동생만 사랑한다고 확신했다. 수호는 자신이 친구를 때리는 것도, 반항하는 것도 다 엄마 때문이라고 말했다.

이제는 엄마의 이야기를 들을 차례다. 수호가 나가고 엄마가 들어왔다. 수호의 엄마에 따르면 유치원 시절에 수호는 반 친구를 때리고 선생님에게 자주 대들어 유치원을 두세 차례 옮겼다고 한다. 아기 때부터 기질이 예민하고 까다로웠던 수호는 잠을 거의 자지 않았다. 수호 아빠는 해외 출장이 잦아서 양육 부담을 엄마가 고스란히 떠안았다. 엄마는 결국 다니던 직장을 그만뒀다. 예민하고 고집이 센 수호를 키우는 게 너무 힘들었다. 아이가 내는 짜증을 다 받아주다가 한계에 부딪히면 폭발하여 "너 그럴 거면 밥 먹지 마. 집에서 나가!"라고 윽박지르기도 했다.

나는 수호의 여동생에 관해 물었다. 엄마는 여동생 이야기를 할 때 표정이 환해졌다.

"솔직히 수호를 키울 때는 힘들기만 했지 예쁘다는 느낌을 못 받았는데, 둘째를 키우면서는 아기가 얼마나 사랑스럽고 예쁘던지. 둘째는 애교가 많고 눈치도 빨라요. 그런데 수호가 어린 여동생을 밀치고 때리면 아이가 너무 미워요."

엄마는 여동생을 편애하고 있는 것에 대해 죄책감을 느끼면서도 자신도 어쩔 수 없이 그렇게 된다면서 흐느끼기 시작했다.

아이의 까다로운 기질과 적대적 반항장애

• • •

수호는 '적대적 반항장애'로 진단됐다. 적대적 반항장애는 자주 흥분하고 쉽게 화내기, 따지기 좋아하고 규칙을 거부하기, 자기 잘못을 다른 사람 탓으로 돌리기, 악의적이고 보복적인 태도 같은 증상을 보인다. 나이와 성별에 따라 차이는 있지만, 100명의 아이 중 발생 비율은 3~4명 정도로 알려져 있다. 두세 살 아이의 떼쓰기나 청소년의 사춘기 반항은 정상적인 모습이지만, 적대적 반항장애는 동일 연령의 아이들보다 그 정도가 심하고 지속적이며 일상생활 기능의 손상을 수반하는 행동 장애이므로 잘 구분해야 한다.

적대적 반항장애 진단 기준

아래 증상들 중 4개 이상이 6개월 넘게 지속될 경우에 적대적 반항장애를 진단한다. 다만 증상이 발생하는 장소(예: 가정, 유치원, 학원)에 따라 1개에 해당할 경우 '경도', 최소 2개에 해당할 경우 '중등도', 3개 이상에 해당할 경우 '고도'로 그 심각도를 판단한다.

- 화난 기분이나 자극 과민성
① 자주 흥분한다.
② 자주 과민하여 쉽게 짜증을 낸다.

③ 자주 화를 내고 분개한다.

- 따지기 좋아하고 반항적인 행동

④ 권위 대상(아동·청소년의 경우 어른)에게 자주 따지는 행동을 한다.
⑤ 자주 적극적으로 반항하거나, 권위 대상의 요구나 규칙에 순응하기를 거부한다.
⑥ 자주 의도적으로 타인을 짜증나게 한다.
⑦ 자신의 실수나 비행을 타인의 잘못으로 비난한다.

- 보복성

⑧ 6개월 동안 적어도 2회 이상 악의적이며 보복적인 태도를 보인다.

적대적 반항장애를 지닌 어떤 아동들은 영아기부터 엄마와의 갈등을 유발하는 까다로운 기질을 보인다. 기질은 타고난 생물학적 특성을 말한다. 아기의 활동 수준, 자극에 대한 반응, 생활 습관의 규칙성 등으로 기질을 드러낸다. 까다로운 기질의 아이는 작은 자극에도 쉽게 흥분하고 울음을 터뜨린다. 수면이나 섭식 같은 생리적 현상이 규칙적이지 않아 엄마가 아이와 리듬을 맞추기가 꽤 어렵다. 그러다 보니 부모의 인내심이 어지간히 좋지 않으면 아이와 갈등하기 쉽고, 부부간 다툼도 생기는 경우가 많다.

수호의 경우 아이를 돌보느라 시달리고 지친 엄마와 잦은 출장으로 가끔만 아이를 보는 아빠의 관점이 달랐다. 수호 아빠는 아이들은 어릴 때 반항도 하고 문제도 일으킬 수 있는데 엄마가 과민하다고 생각했다. 오히려 수호를 대하는 엄마의 태도에 문제가 많다면서 아내를 비난했다. 수호 엄마는 늘 반항하는 수호와 자신을 이해해주지 않는 남편에 대해 분노와 무력감을 지니고 있었다.

저명한 미국 임상심리학자 러셀 바클리Russell Barkley 박사는 저서 『10대 자녀와 소통하는 기술』에서 반항적인 아동의 부모에 대해 이렇게 언급했다. "반항적인 아동의 부모는 심한 불화, 경제적인 어려움, 건강 문제, 개인적인 스트레스 등을 겪는 경우가 많다. 부모는 일관적이지 않고 지나치게 통제적이거나 허용적이다. 자녀의 행동을 적절히 감독하지 않으며, 부모 또한 미숙하고 신경질적이다. 그런 부모에게 양육된 까다로운 기질의 자녀가 적대적 반항장애 증상을 보이기 쉽다."

잘못된 보상이 아이의 공격적인 반항을 강화한다

• • •

나는 수호 부모에게 아이가 문제 행동을 보이는 데는 이유가 있다고 설명했다. 여기에서 이유란 명시적이거나 의식적인 이유가 아닙니다. 과거에 아이가 그 문제 행동을 통해 긍정적인 결과나 보상을 경험한 적이 있기 때문이라는 의미이다. 예컨대 반항 행동을 하는 것으로 하기 싫은 일(잔심부름이나 숙제)에서 도피했던 경험이 반항 행동을 늘리게 한다. 반항 행동을 통해 회피에 항상 성공하지 않았더라도 몇 번 성공한 경험만으로도 반항 행동은 강화된다. 따라서 치료는 이 악순환의 강화 고리를 끊는 것에서 시작한다.

수호가 진료실에서 탱탱볼을 튕기다가 뺏긴 후 엄마에게 보인 공격적 행동을 예로 들어보자. 엄마를 때리는 행동을 한 수호에게 다시 공을 되돌려줌으로써 수호의 공격 행동은 강화됐다. 아마 가정에서 이와 유사한 상호작용이 수없이 반복됐을 것이다. 수호에게는 엄마에게 반항적이고 공격적인 행동을 할 때 자신이 원하는 것을 얻은 경험이 꽤 많았다.

그렇다면 엄마는 왜 이렇게 대처할까? 수호 엄마는 우울증과 무기력감으로 아이를 훈육할 에너지가 고갈됐다. 아이의 행동에 대해 폭발하듯 화를 내다가도 아이가 공격적으로 반항하면 견디지 못하고 허용하는 태도를 가끔 취해왔다.

수호는 놀이치료와 행동치료를 받았다. 놀이치료의 목표는 수호에게 애정 욕구를 충족시키고, 자존감을 회복하는 것이었다. 행동치료를 통해서 수호가 공격적인 언행을 할 경우 원하는 것을 얻지 못하고, 솔직한 감정을 말로 표현했을 때 이득이 생기도록 하였다. 엄마에게는 우울증 치료를 했고 부부 치료도 병행했다. 부부간에 자녀의 문제 행동에 대한 시각이 다를 경우, 부부 갈등으로 이어지는 경우가 많다. 수호 아빠는 수차례의 부부 상담과 부모 교육을 통해 수호가 치료가 필요한 상태라는 것을 인식하게 되었다. 더 이상 부인을 비난하지 않게 되었고 부부가 수호에게 일관된 태도를 취하려고 노력했다.

부모가 자신을 사랑한다는 확신이 들도록

• • •

부모는 수호에게 효과적으로 지시하고 훈육하는 법을 교육받았다. 아이에게 지시할 때 지시 내용은 직접적이고 단순·명료해야 한다. 지시하는 말투는 아이가 중대함을 느끼도록 단호해야 한다. 또한 아이의 눈을 반드시 맞추며 지시를 내리고, 아이의 시선과 관심을 빼앗는 TV 등의 방해물은 사전에 차단해야 한다.

무엇보다 가장 중요한 점은 평소에 부모가 아이의 사소한 잘못을 지적하는 데 힘을 빼서는 안 된다는 것이다. 그럴 경우에 아이는 늘 지적받는다고 느껴서 진짜 중요한 사안에 대한 부모의 지시를 중대하게 받아들이지 않는다.

일상의 작은 실수들에는 너그럽게 넘어가면서 아이의 긍정적인 행동에 더욱 관심을 쏟고 칭찬해야 한다. 가장 바람직한 훈육은 부모가 자신을 사랑한다고 아이가 확신하게 하는 것이다. 그래야만 효과적인 지시법이 작동한다.

적대적 반항장애

TIP 지금 부모가 실천할 수 있는 일

- ☑ 아이의 사소한 잘못이나 습관을 지적하는 데 힘을 빼지 말 것. (예컨대, 옷차림, 글씨체, 젓가락질 법 등)
- ☑ 아이에게 무언가 지시할 때는 아이와 눈을 맞추며 단순하고 명료하게 지시할 것.
- ☑ 지시의 중대함을 느끼도록 아이에게 단호한 어투를 유지할 것.
- ☑ 일상의 작은 실수들에는 너그럽게 넘어가면서 아이의 긍정적인 행동에 더욱 관심을 쏟고 칭찬할 것.
- ☑ 부모가 자신을 사랑한다고 아이가 확신할 수 있도록 '사랑한다'는 표현을 자주 할 것.

무엇보다 가장 중요한 점은 평소에 부모가 아이의 사소한 잘못을 지적하는 데 힘을 빼서는 안 된다는 것이다. 일상의 작은 실수들에는 너그럽게 넘어가면서 아이의 긍정적인 행동에 더욱 관심을 쏟고 칭찬해야 한다. 가장 바람직한 훈육은 부모가 자신을 사랑한다고 아이가 확신하게 하는 것이다.

08
폭력 없이 효과적으로 훈육하는 법
: 아동 학대 문제

많은 부모가 자기 체벌은 학대가 아니라 정당한 훈육이라고 주장한다.

대물림되는 아동 학대
· · ·

정신과 전공의 3년 차 시절의 일이다. 외래 진료실에 두 여성이 함께 방문했다. 20대 초중반 여성들이었다. 둘은 자매였다. 언니가 여동생의 치료를 위해 병원을 찾았다고 말했다.

동생은 고등학교를 졸업하자마자 집에서 도망치다시피 결혼을 했다고 한다. 1년 후 아이가 생겨서 낳았고, 동갑내기 남편은 대학을 중퇴한 후 이런저런 일을 하면서 돈을 벌기 위해 뛰어다녔다. 동생은 어린 나이에 결혼해서 아기를 돌보고 키우는 일이 너무 버거웠다.

아기에게 젖병만 물려놓은 채 잠을 자거나 TV를 봤다. 아기가 놀아달라고 보채면 소리를 지르고 밀어서 넘어뜨렸다. 넘어져서 자지러지게 우는 아기를 꼬집기도 하고, 울다가 지쳐서 잠들게 내버려뒀다. 하루 종일 기저귀를 갈아주지 않아서 아기 엉덩이가 짓무르고 발진이 생기는 일도 허다했다.

이런 일이 반복되던 중, 동생은 자기 집에 들른 언니에게 "나 그냥 아이랑 함께 죽고 싶어. 나 같은 게 무슨 아이를 키워……"라고 울며 하소연했다. 언니는 함께 상담을 받으러 가자며 동생을 설득했고, 함께 내원하게 된 것이다.

자매는 어린 시절에 친엄마에게 지속적으로 폭언을 들으면서 폭행을 당했다고 말했다. 아빠는 딸들이 초등학생 때 간암으로 사망했고, 이후에 엄마가 생계를 유지하기 위해 일을 했다. 두 자매는 삼시 세끼를 스스로 해결해야 하는 날이 많았다. 일을 마치고 밤늦게 집에 들어온 엄마는 집안 청소가 안 되어 있거나, 아이들이 말을 안 들으면 온갖 욕설을 했다. 동생이 대들면 머리를 때리거나, 손에 잡히는 긴 막대를 휘둘렀다. 언니도 동생만큼은 아니었지만 그런 엄마를 말리다가 함께 맞는 일이 자주 있었다. 언니 말로는, 엄마 또한 어린 시절에 행동이 굼뜨다고 친아빠에게 많이 맞았고 심한 욕설을 들으며 자랐다고 했다. 두 자매의 엄마는 밤마다 술을 마셔야 잠들 수 있었으며, 늘 아프고 우울해 보였다고 했다.

그때 나는 자매와 상담하면서 무기력감을 느꼈다. 통원 치료로는 아기 엄마와 학대당하는 아기를 도와줄 방법이 없었다. 결국 교수님에게 알리고 아기 엄마인 여동생을 보호병동에 입원시켰다. 아기는 당분간 이모가 맡아서 양육하도록 권고했다.

26년 전 전공의 시절에 경험한 이 사례는 나에게 소아정신과 전문의가 되기로 결심한 결정적 계기가 되어줬다. 어린 시절에 학대당한 엄마가 자녀를 학대하고, 그 자녀가 성장해 엄마가 되어서 다시 자기 아이를 학대하는 '대물림된 학대'를 잘 보여준 전형적 사례였다.

아동 학대가 주로 일어나는 곳은 '집'

• • •

아동 학대는 보호자를 포함한 성인에 의해 아동의 건강과 복지를 해치거나 정상적인 발달을 저해할 수 있는 신체적·정신적·성적 폭력 또는 가혹 행위가 이뤄지는 것을 말한다. 보호자에 의한 학대의 경우 아동 유기와 방임도 포함된다.

우리나라는 2000년에 들어서면서 비로소 아동복지법을 개정하여 사회가 아동 학대에 책임을 져야 한다는 법적·제도적 장치를 마련하게 됐다. 그런데도 매년 아동 학대 사건이 발생하고, 그럴 때마다 세상이 떠들썩하게 다루는 것에 비해 비슷한 사건은 반복되고 눈에 띄게 개선되지 않는 이유는 뭘까?

법과 제도의 마련이 여전히 불충분해서일까? 사후 대책이 체계적으로 시행되지 않아서일까? 아동 복지 종사자들의 인력이 부족하기 때문일까? 단순하게 하나의 요인으로 설명할 수 없을 것이다. 복합적인 요인이 얽혀 있고 하나의 요인이 다른 요인의 해결을 방해하기도 한다.

2020년 10월 일어난 정인이 학대 사망 사건은 사회 전체를 슬픔과 분노에 휩싸이게 했다. 언론 보도를 믿고 싶지 않을 정도로 충격적이고 이례적인 사건이었다. 전후 사정을 정확히 알 수 없으나, 이 사건은 입양 자체보다 학대한 행위자의 문제가 더 크다고 본다. 해마다 아동 학대 사건은 끊이지 않고, 보건복지부에서 매년 발표하는 아동 학대 발생 통계는 줄어들 기미가 없다.

나는 아동 학대가 일어나는 장소가 대부분 가정이라는 점에 주목한다. 보건복지부의 통계에 따르면 전체 아동 학대 중 가정에서 행해지는 아동 학대가 80퍼센트 이상을 차지한다. 2020년도 '아동 학대 주요 통계'에 따르면 학대행위자 중 82.1퍼센트가 부모였고, 그중 친부모가 95퍼센트 이상을 차지했다.

아동 학대는 정당화될 수 없다

• • •

부모는 왜 자녀를 학대하는 것일까?

첫째, 앞에서 얘기한 사례처럼 어린 시절에 친부모에게 학대받은 경험이 고스란히 대를 이어서 자녀에게 전달되는 경우가 있다. 어린 시절에 학대당하며 겪은 분노와 수치심, 무기력감은 성인기에 우울증이나 알코올중독 같은 정신장애로 이환되기 쉽다. 그뿐만 아니라 체벌과 학대가 자기 자녀를 훈육할 때 '주관적' 표준이 되고, 허용 가능한 가치로 자리 잡는다.

미국 텍사스대학의 엘리자베스 거쇼프Elizabeth Gershoff 박사와 동료들은 2008년에 체벌과 학대가 아이들의 발달에 어떤 영향을 미치는지를 다룬 연구 논문 수백 편에 대해 메타 분석을 한 바 있다. 거쇼프 박사는 어린 시절에 체벌을 당한 아이들이 나중에 성인으로 자란 뒤 폭력을 정당화하고, 폭력을 문제 해결 수단으로 쉽게 선택하게 된다고 언급했다. 즉, 맞고 자란 경험이 결혼 후에 자신의 배우자나 자녀를 학대할 가능성을 높이는 것이다.

둘째, 아이의 발달 상황에 대한 이해가 부족하고 그 연령대 아이의 욕구를 제대로 알지 못하는 부모 또한 자녀에게 폭력적이다. 부모 자신의 미성숙함이 자녀의 미성숙함을 만나서 폭발하는 것이다.

부모가 양육하는 데 가장 중요한 덕목은 점차 발달하는 자녀의 미성숙함을 포용하고 이해하려는 태도이다. 물론 쉽지 않다. 특히 아이가 기질적으로 예민하고 문제 행동을 보일 경우, 혹은 발달장애를 지닌 경우 양육은 더욱 어렵다. 진료실에서 행동장애가 있는 중학생 아들의 아버지가 나에게 항변한 적이 있다. 매를 들지 않고는 도저히 아이의 문제 행동을 멈출 방법이 없는데 어떻게 해야 하느냐고.

2011년에는 고등학교 3학년 아들이 지속적인 체벌을 일삼아온 엄마를 칼로 찔러 살해한 참혹한 사건이 있었다. 사건 전날 밤, 아들이 공부에 집중하지 않는다는 이유로 엄마가 10시간 동안 밤새도록 골프채로 200대를 때린 사실이 알려지면서 큰 충격을 주었다. 아들은 국민참여재판으로 진행된 공판에서 장기 3년 6개월, 단기 3년의 실형을 선고받고 복역했다. 당시에 재판부는 아들이 수년 동안 가혹한 학대 환경에서 생활했음을 참작했다고 밝혔다. 기사에 따르면 엄마는 아들을 명문대에 보내기 위해 공부를 열심히 하게 만들 의도로 체벌했다고 전해진다. 남편과의 별거 이후, 아들에 대한 엄마의 체벌 강도가 점점 심해졌고 결국 끔찍한 사건으로 이어진 것이다.

2021년 1월 26일에는 민법 915조인 '부모의 징계권 조항'이 삭제되었다. 이 조항은 1950년대 부모가 자녀를 처벌하고 자녀에게 전적인 권리를 행사하는 것이 당연하다고 생각하던 시대에 제정되었다. 그 조항이 70년이 지나서야 드디어 삭제된 것이다. 이 조항의 삭제는 더 이상 부모가 자녀에게 가하는 체벌을 '사랑의 매', '훈육의 목적'이라고 정당화시키지 말라는 선언적 의미가 있다.

폭력 없이 효과적으로 훈육하는 방법

• • •

많은 부모가 자기 체벌은 학대가 아니라 정당한 훈육이라고 주장한다. 나는 진료실에서 부모의 훈육 방식을 교육하기에 앞서서 체벌과 학대를 당한 아이가 겪게 될 장기적·단기적 후유증을 설명한다.

아동기에 학대를 당한 아이의 뇌는 정상적으로 발달하지 않는다. 특히 두려움과 공포를 담당하는 편도체와 기억을 담당하는 해마의 크기가 작아지며, 충동성을 조절하고 유연성을 담당하는 전두엽의 기능을 저하시킨다. 이러한 주요 뇌 기능의 손상은 아이에게 임기응변식 거짓말, 절도, 반항 등을 유발한다. 애어른처럼 순종적인 아이로 자라다가 사춘기 전후에 우울증이나 자해와 자살 시도 같은 문제를 보이기도 한다. 인지적으로는 집중력과 기억력이 떨어지고, 신체적으로는 저체중과 저신장이 초래된다.

그렇다면 자녀에게 폭력을 사용하지 않고 효과적으로 훈육할 수 있는 방법은 무엇일까?

바람직한 행동에 대해서는 적극적으로 칭찬하여 격려하고, 바람직하지 못한 문제 행동에 대해서는 규칙과 제한을 일관되게 적용하는 것이 핵심이다.

예컨대, 아이가 엄마를 돕고자 식탁을 정리하다 실수로 유리잔을 바닥에 떨어뜨려 깨뜨렸다면, "○○이가 엄마 도와주려다가 실수했구나. 다친 데는 없니? 엄마 도와주려는 마음이 너무 고맙다"라고 바람직한 의도를 칭찬해주는 게 좋다. 반면, 아이가 자신을 위험하게 만드는 행동(예 : 자해 또는 자살시도), 남에게 해를 끼치는 행동, 공격적이고 폭력적인 행동에 대해서는 단호하게 제한을 두어 이런 행동은 어떤 이유를 막론하고 용납될 수 없다는 것을 반드시 인식시켜야 한다. 무엇보다 가장 중요한 것은 부모가 자신의 상처와 결핍을 잘 통찰하는 것이다. 스트레스 상황에서 폭력적으로 아이를 대하는 자신의 모습을 발견한다면 주저 없이 전문가의 도움을 받아야 한다.

세상에 완벽한 부모는 없다. 노력하는 부모만 있을 뿐이다.

아동 학대

TIP 지금 부모가 실천할 수 있는 일

- ☑ 아이의 긍정적인 행동은 칭찬하고 보상하여 바람직한 행동을 강화할 것.
- ☑ 가정 내 규칙을 일관성 있게 적용하여 아이의 행동에 대해 엄마와 아빠, 기타 양육자(예 : 조부모) 간에 대처가 동일할 것.
- ☑ 옷차림이나 머리 모양처럼 사소한 문제들로 아이에게 잔소리하고 다투면서 힘을 빼지 말 것.
- ☑ 아이를 비꼬거나 협박하지 말 것. (예를 들어 "으이구, 네가 그러면 그렇지. 어째 요새 잠잠하다 했다" 또는 "너 그렇게 할 거면 집에서 나가. 앞으로 돈 달라는 이야기하기만 해봐" 등의 표현은 아이의 문제 행동을 절대 교정하지 못함.)
- ☑ '한 달 동안 외출 금지', '컴퓨터 게임 전면 금지'처럼 실현 불가능한 제한을 하지 말 것.
- ☑ 아이가 수용할 수 있고 달성할 수 있는 적절한 행동을 명시할 것.
- ☑ 아이가 지켜야 할 규칙들에 공격적인 언행이나 타인에게 피해를 주는 문제 행동을 우선으로 제한할 것.
- ☑ 아이의 발달 연령에 따라 나타날 수 있는 문제 행동들을 미리 알고 포용할 것.
- ☑ 까다로운 기질과 순응적 기질의 훈육 방법이 다르므로 아이의 기질적 성향을 파악하고 이에 맞춰 대할 것.

09
잔인한 행동을 서슴없이 한다면
: 품행장애

기질적으로 감정 조절에 미숙하고 충동적이며 공격 성향을 보이는 경우,
각별히 주의를 기울일 필요가 있다.

고양이를 일부러 떨어뜨린 아이

너무 오래전 일이라 그 남학생의 얼굴과 이름이 잘 떠오르지 않는다. 나이는 열세 살쯤 되었다. 몇 개월 후 그 아이의 가족은 외국으로 이민을 간다고 했던 것으로 기억한다. 당시에 나는 정신과 전문의 면허를 갓 취득한 초보 소아정신과 의사였다. 아이의 엄마는 한

국을 떠나기 전에 남은 기간 동안 아이의 문제 행동을 개선해달라면서 아이를 데리고 병원을 찾았다.

아이가 지닌 문제는 여러 가지였다. 엄마 말에 따르면, 학교에 간다고 거짓말하고는 PC방에서 하루 종일 시간을 보내기 일쑤였다. 말없이 가출했다가 집으로 돌아와도 부모에게 미안한 기색은 없었다. 집에서 키우던 고양이를 고층 베란다에서 일부러 떨어뜨린 적도 있고, 초등학교 시절에 친구들의 학용품을 자주 훔쳐서 강제 전학을 당했다고 한다.

나는 아이와 단둘이 면담을 시작했다. 엄마는 아이가 병원에 온 게 자기 뜻이 아니어서 불만스러울 것이라고 귀띔해줬다. 아이는 그 불만을 온몸으로 표현하듯 나와 면담하는 내내 한마디도 하지 않았다. 책상 한쪽 모서리에 시선을 고정하고 나에게 전혀 눈길을 주지 않았다. 기초설문지에 '아이가 엽기적인 블로그에 자주 들어감'이라고 쓰인 것을 상기했다.

"참, 네가 자주 들어가는 블로그가 있다면서? 선생님도 어떤 곳인지 한번 보고 싶은데 보여줄 수 있을까?"

내가 친근한 말투로 물었다. 책상 한쪽에 고정되어 있던 아이의 시선이 서서히 나를 향했다.

"근데 여기 인터넷 돼요?"

아이가 무심하게 물었다. 면담을 시작한 지 15분 만에 아이가 처음으로 던진 말이었다. 20여 년 전 인터넷이 썩 원활하지 않았던 시대에는 자연스러운 질문이기도 했다.

"물론이지. 네가 인터넷 창에 직접 블로그 주소를 쳐볼래?"

나는 아이 쪽으로 키보드와 모니터를 돌렸다. 아이가 침묵을 깬 것이 내심 반가웠고, 그 블로그를 매개로 상담을 진행해야겠다고 생각했다. 아이는 주저 없이 인터넷 창에 링크 주소를 입력했고 순식간에 접속했다. 그러고는 "그런데, 선생님은 보시면 놀라실 텐데? 뭐 의사이시니 괜찮겠죠?"라면서 혼잣말인지, 나에게 말하는지 구분이 안 되는 어조로 중얼거렸다.

모니터를 본 나는 놀랐다. 아이가 접속한 곳은 동물들의 사체나 해부 사진으로 가득했기 때문이다. 나를 더욱 경악하게 한 것은 그런 사진들을 보여주며 태연하게 웃고 있는 아이의 모습이었다. "이런 사진들을 보면 어떤 기분이 들어?"라는 내 물음에 아이는 "기분이 좋으니까 보겠죠?"라고 무심히 대답했다.

이후로 나는 아이와 네다섯 차례 더 면담을 진행했다. 중학생이 될 나이인데도 아이는 이야기로 하는 면담을 힘들어했다. 뜻밖에도 아이는 진료실 코너에 배치된 장난감들에 관심을 보였다. 특히 장난감 칼, 사자나 공룡 피규어를 좋아했고, 놀이는 약간 과격했다. 몇 차례 진료한 후 더는 내원하지 않았고, 이후로 아이의 소식은 전혀 듣지 못했다.

반사회적 인격장애와 사이코패스

• • •

나는 대학에서 의대생들에게 '품행장애'를 가르칠 때 이 사례를 언급하곤 한다. 아쉬움이 크기 때문이다. 현재의 내가 그 아이를 처음 진료한다면 어떻게 상담하고 치료할 것인가 상상한다. 아마 부모에게 아이의 문제 행동들이 단기간에 개선되기는 어렵다고 말하고, 이민을 앞둔 상황에서 치료의 한계점부터 설명하지 않을까 싶다.

품행장애는 타인의 기본 권리를 침해하거나 나이에 적절한 사회적 규범과 규칙을 어기는 행동을 반복적·지속적으로 보이는 경우에 진단한다. 앞에서 얘기한 남학생처럼 거짓말과 절도, 무단결석과 가출, 동물에게 잔인한 행동을 보이는 경우가 이에 해당한다.

품행장애 진단 기준

① 타인의 기본 권리를 침해하거나 나이에 적절한 사회적 규범과 규칙을 어기는 행동을 반복적·지속적으로 보인다(지난 12개월 동안 다음 15개 기준 중 최소 3개 이상, 지난 6개월 동안 최소 1개 이상의 기준을 충족해야 한다).

사람과 동물에 대한 공격성
- 자주 타인을 괴롭히고 협박하거나 겁준다.
- 자주 신체적인 싸움을 시작한다.

- 타인에게 심각한 신체적 상해를 입히기 위해서 무기를 사용한다.
- 사람에게 신체적으로 잔인한 행동을 한다.
- 동물에게 신체적으로 잔인한 행동을 한다.
- 피해자를 직면한 상태에서 물건을 훔친다.
- 타인에게 성적인 행동을 강요한다.

재산의 파괴
- 심각한 손해를 끼칠 의도를 가지고 고의로 방화에 관여한다.
- 타인의 재산을 고의로 파괴한다.

속이기 또는 훔치기
- 타인의 집과 건물, 그리고 차에 무단 침입한다.
- 재화나 호의를 얻기 위해서, 또는 의무를 피하기 위해서 자주 거짓말을 한다.
- 피해자를 대면하지 않고 중요한 가치를 가진 물건을 훔친다.

심각한 규칙 위반
- 13세 이전부터 부모가 금지해도 자주 외박을 한다.
- 보호자와 같이 사는 동안에 적어도 2회 이상 가출을 하거나 1회 이상 장기간 가출을 한다.

- 13세 이전부터 자주 무단결석을 한다.

② 이러한 품행장애는 사회적·학업적·직업적 기능에 임상적으로 중대한 장애를 초래한다.

③ 18세 이상 성인의 경우에는 '반사회적 인격장애' 진단 기준에 부합되지 않아야 한다.

DSM-5 진단 기준에는 냉담-정서결여적CU, Callous-Unemotional 성향을 지닌 하위 유형에 대해 명시했다. 즉 타인의 감정에 무신경하고 냉담하며 자신의 잘못된 행동에 대해 후회나 죄책감을 거의 느끼지 않는 경우가 이에 속한다(단, 처벌이 예상되는 상황에서 표현하는 후회의 감정은 제외한다). CU 성향을 지닌 품행장애 청소년들은 성인기에 반사회적 인격장애*나 사이코패스로 진행될 가능성이 큰 것으로 알려져 있다.

미국 신경과 의사이자 뇌과학자인 제임스 팰런James Fallon 교수는

★ 만 18세 이후 보이는 '반복적인 범법행위, 자신의 이익을 위해 반복적인 거짓말, 시종일관 무책임, 타인에게 해를 입히고도 양심의 가책을 느끼지 않는 모습 등'이 대표적 증상이다.

자신이 사이코패스의 뇌를 가지고 있다고 말해서 유명해졌다. TED 강연과 그의 저서 『사이코패스 뇌과학자』는 상당히 화제가 되기도 했다.

사이코패스 유전자가 존재하고, 환경과 상호작용을 해서 발현되기도 하고 안 되기도 한다는 팰런 교수의 주장에 모두 동의하지는 않는다. 다만 CU 성향을 드러내는 사람들의 뇌가 정상인의 뇌와 다른 특성을 보인다는 연구 결과들은 설득력이 있다.

2020년, 미국에서 청소년 1만 2,000명을 대상으로 진행한 대규모 뇌영상의 역학 연구 결과가 발표됐다. 9~11세에 촬영한 뇌영상에서 편도체와 해마 영역에 회백질의 양이 적은 아이들이 향후에 반사회적 인격장애로 진행될 수 있는 CU 성향을 보일 가능성이 크다는 것이다. 이 연구의 취지는, 이런 특성을 조기에 발견하고 진단해서 적극적인 환경 교정과 치료를 진행한다면 반사회적 인격장애나 사이코패스로의 진행을 예방할 수 있다는 데 방점이 있다.

어떤 질환보다 예방과 치료가 중요하다

• • •

품행장애를 고치기 위해서는 정신 치료와 행동치료가 꽤 오랜 기간 지속적으로 이루어져야 한다. 게다가 가족, 학교 같은 아이 주변의 지지 체계에 대한 개입이 일찍 이루어질수록 성공적인 치료 가능성이 커진다.

초등학교 1학년 행동특성평가에서 주의력결핍과잉행동장애 ADHD 의심군으로 분류되어 치료를 권고받았으나 치료 없이 지내다가 중학생이 되어서 가출과 도벽 등으로 내원한 아이가 있다. ADHD를 어린 시절에 충분히 치료받지 못하고, 가정 내 폭력과 불화 요인이 있을 경우에 품행장애로 발전하기도 한다.

문제 행동을 보이는 자녀를 둔 부모는 아이의 행동을 지적하고 비난하는 방식을 취하기 쉽다. 지나치게 통제하려는 방식으로 대하거나 아이의 요구를 무조건 허용하는 식의 방임형 부모도 있다. 예컨대, 방임형 부모는 아이가 고가의 물건이나 큰 액수의 용돈을 요구할 때 별 제한 없이 그냥 사주거나 허용하는 경우가 많다. 심지어 아이가 원하지도 않는데 고액의 선물을 주기도 한다. 이런 부모들 중에는 평소 어떤 이유에서건 (대부분 아이와 함께 보내는 시간이 적은 부모) 아이를 향한 죄책감이 많아 보상심리로서 고가의 선물로 대체하거나 무리한 아이의 요구를 거절하지 못한다. 방임형 부모의 아이는 무절제한 사람으로 성장할 가능성이 높다.

평소에 아이의 작은 자율성까지 간섭하고 통제하다가 아이가 폭발하거나 과격한 행동을 보이면 놀라서 갑자기 허용적인 태도로 대응하는 부모도 있다. 그 반대가 되어야 한다. 부모가 가정 내에서 일관된 원칙을 정해놓고, 어떤 상황에서도 흔들리지 않고 그 규칙을 적용할 때 아이들은 오히려 안도감을 느낀다.

폭력성이 심한 경우에는 정신 치료와 행동치료 이외에 약물 치료가 반드시 필요하다. 초등학생 시절에 감정을 조절하는 데 미숙하고, 과격하고, 충동성을 보이는 경우 조기에 약물 치료를 병행한다면 심각한 품행장애로 진행되는 것을 예방할 수 있다.

기저에 우울증이 깔려 있으나 겉으로는 가출이나 무단결석, 도벽의 문제 행동을 보이는 청소년들도 있다. 이를 가면 우울증masked depression, 우울성 행동장애라고 부른다. 최근 연구에 따르면 품행장애에 비해 우울성 행동장애 청소년들이 상대적으로 덜 폭력적이며 아동 학대를 당한 과거력을 흔히 지닌다. 이런 경우에는 우울증을 치료하면 문제 행동이 함께 호전되고 품행장애에 비해 경과도 양호하다.

중학교 1학년이었던 영미는 함께 어울려 다니던 아이들과 술을 마시고 무단결석을 하였으며, PC방에서 밤새 게임을 하다 새벽이 되어서야 집에 들어와 엄마와 갈등이 극심했었다. 영미의 부모는 영미가 초등학교 2학년 무렵 이혼을 했다. 영미는 생계를 유지하느라 항상 바쁜 엄마보다 또래 친구들이 좋았다. 친구가 뭐든 하자고 하면 그 친구가 떠날까 봐 거절하지 못하고 따랐다. 외래 내원 당시 영미의 학교 거부와 문제 행동이 심각해 입원 치료에 들어갔다. 입원

후 심층평가를 해보니 영미는 부모 이혼 후 정서적으로 거의 방치되다시피 지냈고, 극심한 외로움과 유기 불안, 좌절감이 있었다는 것을 알게 되었다. 우울증상과 자살 사고 또한 매우 심각한 것으로 평가되었다. 항우울제와 더불어 심리치료, 부모 교육이 수년간 지속되었다. 이후 아이의 문제 행동은 언제 사라졌는지 모르게 좋아졌다. 현재 영미는 평범한 대학생으로 건강히 지내고 있다.

품행장애는 어떤 질환보다 예방이 매우 중요하다. 자녀가 영유아기에 기질적으로 감정 조절에 미숙하고 충동적이며 공격 성향을 보이는 경우, 부모가 각별히 주의를 기울일 필요가 있다. 전문가를 찾아서 적절한 대처법을 배우고 양육 훈련을 받기를 권한다. 아이들에게 환경이란 병의 원인이 되기도 하고, 강력한 치료적 요소가 되기도 한다.

품행장애

TIP 지금 부모가 실천할 수 있는 일

- ☑ 아이를 지나치게 통제하거나 무조건 허용하지 말 것. (지나친 통제는 분노와 우울증을, 무조건적 허용은 무절제를 야기함.)
- ☑ 아이가 어린 시절에 충동성과 공격성을 보인다면 반드시 전문가를 찾아 평가하고 치료할 것.
- ☑ 아이의 공격적인 행동, 문제 행동에 대해서는 어떤 이득도 취하게 하지 말 것. (이러한 대처는 일관되어야 하고 가족 구성원 간에도 태도가 일치되어야 함.)

10
게임에 지나치게 집착하는 아이
: 인터넷 게임 장애

인터넷 게임에 지나치게 몰입하고 인터넷 게임을 하지 않을 때는
긴장, 불안, 우울증 같은 금단증상을 보인다.

아이가 인터넷 게임을 하는 이유
• • •

어느 가을밤 자정 무렵, 건호가 부모와 함께 응급실에 왔다. 내일 학교에 가야 하니 게임을 그만하고 자라고 말한 엄마에게, 건호가 욕을 하며 키보드를 던지고 주먹으로 거울장을 부수었기 때문이다. 건호는 중학교 3학년이었다. 엄마는 이마에 찰과상을 입은 상태

였고, 양팔에는 깨진 거울 조각에 베인 상처가 군데군데 나 있었다. 건호의 손등에도 유리 조각이 박혀 있어서 응급 처치가 필요했다. 건호와 부모는 치료진이 입원을 권유하자 주저 없이 동의했다.

건호는 초등학교 1학년 때 나한테 외래 진료를 몇 차례 받은 아이다. 당시에 건호는 주의력결핍과잉행동장애ADHD 진단을 받았다. 그때 부모는 ADHD 약물 치료의 필요성은 이해했지만, 아이가 성장하면서 점차 나아질 수 있다고 믿고서 치료를 시작하지 않았다. 그 이후 세월이 흘러서 응급실을 통해 입원한 건호를 8년 만에 다시 만나게 된 것이다.

산만하고 감정 조절이 어려웠던 건호는 초등학교 시절 내내 친구들에게 따돌림을 당했다고 한다. 선생님들도 수업 시간에 충동적으로 불쑥 질문하고 매사에 부주의한 건호의 모습에 엄마를 불러 우려를 표했다. 그래서 건호는 집 근처 병원에서 약물 치료를 시작했지만 부작용이 생겨 중단하고 심리 치료와 사회성 치료를 받았다고 한다.

그런데도 학교에서 크고 작은 문제들이 지속됐다. 일하는 엄마를 대신해 이모가 건호를 주로 돌봐줬다. 건호는 이모를 크게 의지해왔다. 그러던 중 이모가 병으로 돌아가셨다.

중학교 2학년이 된 건호는 이모의 사망 이후 극도로 무기력해졌다. 하루에 8시간 이상 게임을 했고, 수면이 불규칙했으며, 무단결석과 조퇴가 잦아졌다. 건호는 학업을 전혀 따라가지 못했고, 평소에 좋아한 축구나 음악 감상 같은 취미 활동에도 점점 무관심해졌다.

그렇게 게임을 통제하려는 부모와의 갈등이 점점 고조되던 중에 일어난 사건으로 응급실을 찾게 된 것이다.

"건호야, 입원 치료로 어떤 도움을 가장 받고 싶니?"라고 내가 묻자, 건호는 다소 건성으로 대답했다.

"게임 때문에 입원한 거니까 게임을 적당히 하는 거겠죠?"

나는 질문을 이어갔다.

"그렇구나. 건호는 언제 게임을 하게 되지?"

건호가 조금 더 길게 얘기하기 시작했다.

"그냥 시도 때도 없어요. 게임 말고는 달리 할 게 없으니까요. 공부는 하기 싫고, 축구는 같이 할 친구도 없고……. 음……. 그리고 게임을 하면 기분이 나쁜 것도 좀 나아지고……. 그러니까 하는 거죠."

나는 건호의 말을 되뇌며 응수했다.

"아, 게임을 하면 기분 나쁜 게 좀 나아지는구나."

그러자 처음에 무심한 듯 대답하던 건호가 점차 감정이 격해지며 울먹이는 목소리로 말했다.

"게임을 안 할 때는 불안하고 가슴이 답답해요. 사실 게임이 막 그렇게 재미있는 것도 아니에요. 그냥 다 귀찮아서 그나마 게임을 하는 거예요. 그런데 엄마가 무조건 게임을 하지 말라는 잔소리만

하고, 제가 왜 게임을 하는지 알아보려고도 하지 않아서 화가 나요. 물론 엄마한테 키보드를 던지고 거울을 깬 것은 잘못했죠."

건호는 전날 밤 자신의 과격한 행동에 스스로도 상당히 놀랐고, 뭔가 막다른 골목에서 더는 도망갈 곳이 없다는 느낌이 들어서 무서웠다고 얘기했다.

게임 중독도 질병이다

• • •

나는 건호가 ADHD, 우울장애 그리고 인터넷 게임 장애라는 세 가지 문제를 동시에 갖고 있다고 판단했다. '인터넷 게임 장애'라는 진단명은 2013년도 개정된 DSM-5 진단기준에 추가됐다. 이는 인터넷 게임을 지속적이고 반복적으로 사용하여 임상적으로 심각한 기능 손상을 보이는 것을 말한다.

임상적으로는 인터넷 게임에 지나치게 몰입하고 인터넷 게임을 하지 않을 때는 긴장, 불안, 우울증 같은 금단증상을 보인다. 또 인터넷 게임 시간이 점점 늘어나는 데 둔감할 정도의 내성이 있고, 게임을 그만하거나 조절하려고 했으나 실패한 경험이 있으며, 다른 취미 활동에 대한 흥미를 잃어버리는 등의 증상을 나타낸다.

인터넷 게임 장애 진단 기준

다음 9개 증상 중 5개가 12개월 이상 지속되는 경우
① 인터넷 게임에 몰두한다.
② 게임을 못 할 때는 금단증상이 나타난다.
③ 게임 시간이 지속적으로 증가한다.
④ 게임을 통제하려는 시도에 실패한 적이 있다.
⑤ 게임 때문에 기존의 취미나 오락거리에 대한 관심이 사라졌다.
⑥ '나에게 심리적인 문제가 있나'라고 생각하면서도 게임을 과도하게 하게 된다.
⑦ 가족이나 심리상담사에게 게임을 얼마나 많이 하는지 거짓말한 적이 있다.
⑧ 무기력감, 죄책감, 짜증 등을 해소하기 위해 게임을 한다.
⑨ 게임 때문에 학업, 직장, 사회관계에 심각한 위기가 생겼다.

최근 여성가족부가 초등학생·중학생·고등학생 127만여 명을 조사한 결과, 전체 응답자 중 18퍼센트가 인터넷이나 스마트폰 '과의존 위험군'으로 드러났고, 일상생활에 지장을 받을 정도로 인터넷에 의존하는 '위험사용자군'도 약 1.3퍼센트로 나타났다. 이는 코로나 상황에서 비대면 수업이 장기화하는 현상과 무관하지 않을 것이다.

2019년 5월 25일, 세계보건기구WHO도 '게임 중독도 질병'이라고 분류한 새 국제질병분류 제11차 개정안ICD-11을 194개국의 만장

일치로 통과시켰다. 이후 국내 의학계와 게임산업계, 정부 부처들 사이에서 그에 대한 찬반 논쟁이 뜨거웠다.

게임 중독이 질병이라는 분류가 통과된 배경에는 인터넷 게임으로 인해 뇌 기능이 저하되고 다양한 건강 문제를 일으킬 수 있다는 우려가 있었다. 인터넷 게임도 알코올이나 담배 같은 물질처럼 뇌의 도파민 보상회로를 변화시켜 즉각적인 보상을 원하고 충동적인 경향을 보이는 뇌로 바꿀 수 있다는 많은 연구 결과가 축적되어 있다.

스스로 게임 중독에서 벗어나도록

• • •

반면에 건호처럼 어린 시절에 ADHD를 지녔던 아이들이 청소년기 이후가 되면서 취약한 심리사회적 환경에 다양하게 노출되면서 인터넷 게임 장애 증상을 보일 수 있다고 주장하는 학자도 많다. 즉 게임 중독은 원인이 아니라 기저의 신경 발달 문제에서 기인한 이차적 현상이라고 바라보는 견해이다.

대체로 소아청소년정신의학계 전문가들이 이 같은 견해를 가지고 있다. ADHD뿐만 아니라 아스퍼거 증후군, 사회불안장애, 우울증 같은 다양한 질환으로 인해 게임 중독 증상이 나타날 수 있으므로 기저에 깔린 신경발달장애와 정서 문제를 우선 파악하는 게 중요하다는 것이다. 게다가 소아·청소년의 연령에서 인터넷 게임을 사용하는 것은 성인과는 달리 가정환경, 부모와의 갈등, 교우 관계 등 여러 환경적 요소와 밀접하게 연관되어 있으므로 인터넷 게임 장애의 기저 원인을 파악하기 위해서는 더욱 다각적이고 입체적인 시각이 중요하다.

건호의 이야기로 돌아가자. 건호는 어린 시절에 충분히 치료되지 않은 ADHD 증상, 중요한 애착 대상이었던 이모의 죽음으로 겪은 상실감과 우울증, 인터넷 게임을 하는 아이의 마음을 공감하지 못하고 무조건 통제만 하려는 엄마와의 갈등을 다루는 것이 급선무였다.

건호는 ADHD와 우울증을 치료하기 위해 약물 치료를 시작했다. 입원한 상태에서 약물의 효능과 부작용을 점검하며 용량을 조절해나갔다. 인터넷 게임 장애 증상과 관련해 인지행동치료도 시작했다. 인지행동치료에서 가장 우선한 것은 '동기 강화 훈련'이다. 과도한 인터넷 사용과 그로 인해 파생되는 문제점을 인식시켜서 스스로 변화하려는 의지와 동기를 부여하는 것이다.

건호는 응급실을 통해 입원할 당시에는 흔쾌히 치료에 동의했으나, 막상 입원한 후에는 정해진 시간에만 컴퓨터를 사용할 수 있다는 병동 규칙에 상당히 저항했다. 치료진과 함께 인터넷 사용의 유익한 점과 해로운 점을 조사하고, 인터넷 게임 습관을 바꾸면 어떤 이득과 손해가 있는지 종이에 적어보게 했다. 변화를 통한 이득이 훨씬 많다는 것을 깨달으면서 건호의 치료 동기가 점차 강화됐다.

건호가 병동에서 인터넷 게임을 하지 않는 시간 동안에 느끼는 감정도 솔직하게 기록하도록 했다. 건호는 불안과 우울을 해소하는 수단으로 인터넷 게임을 했다는 것을 스스로 깨달았지만, 게임 이외의 대안을 찾기는 힘들어했다.

건호는 게임을 하지 않을 때는 평소에 좋아하던 래퍼의 랩 가사를 외우고 자신이 직접 가사도 쓰면서 시간을 보냈다. 퇴원을 앞두고 부모 교육도 수차례 진행했다. 하루에 일정 시간을 정하여 가족과 함께 대화 혹은 활동을 하도록 권고했다. 아이가 좋아하는 랩 가사를 부모가 들어주고, 아이가 좋아하는 웹툰이나 영상 콘텐츠가 있다면 함께 보면서 대화를 나누도록 권유했다. 부모들이 흔히 범하기 쉬운 오류는 아이와 대단한 놀이 활동을 해야 한다고 생각하는 것이다. 그저 아이가 관심 있어 하는 취미에 귀 기울여주고, 심지어 어떤 게임을 하는지 궁금해하는 것만으로도 아이는 게임에 몰두하는 시간이 오히려 줄어들 것이다. 아이는 부모로부터 이해받고 있다고 느낄 때, 비로소 긍정적 행동을 하기 시작한다.

건호는 제주도에 있는 대안학교에 진학했고, 부모와 함께 주말마다 제주 올레길을 걷는다. 얼마 전 외래에서 지금까지 완주한 코스가 8개나 된다고 자랑을 했다.

인터넷 게임 장애

> **TIP** 지금 부모가 실천할 수 있는 일

- ☑ 기저에 다른 정신장애(ADHD, 우울증, 사회불안장애 등)가 있는지 파악하고 의심이 된다면 기저 문제를 먼저 해결할 것.
- ☑ 하루에 단 30분이라도 아이와 함께 대화하거나 활동하는 시간을 가질 것.
- ☑ 아이가 좋아하는 게임이나 취미에도 적극 관심을 보이고 함께 시도해볼 것.

11
트라우마에 빠진
아이가 회복하려면
: 외상후스트레스장애(PTSD)

누구나 성장하면서 크고 작은 외상성 사건을 경험한다.
아이가 정신적인 외상을 극복하는 데 가장 중요한 것은 회복탄력성이다.

아빠 인형으로 엄마 인형을 쓰러뜨리는 아이

• • •

8~9년 전 일이다. 아이의 손을 잡고 내 진료실에 들어온 엄마는 주눅이 잔뜩 들어 있었다. 어딘지 모르게 쫓기는 듯한 모습으로, 진료실의 문이 잘 닫혔는지 자꾸 뒤돌아보며 확인했다. 나는 친근한 목소리로 아이에게 말을 건넸다.

"혜진이구나. 안녕? 얼마 전에 다섯 살 생일이었네?"

혜진이가 옅은 미소를 보이며 끄덕였다. 엄마는 웃음기 없이 다급한 목소리로 말했다.

"선생님, 혜진이가 유치원에 안 가려고 해서 왔어요. 아침마다 울면서 저를 졸졸 쫓아다니고, 배가 아파서 유치원에 못 가겠다고 해요."

나는 혜진이와 눈이 마주쳤다. 아이는 입을 삐죽이다가 고개를 숙였다. 책상 위에 놓인 기초설문지를 살펴봤다. 눈에 띄는 문장이 있었다.

"부부 싸움이 잦고, 남편이 술만 마시면 폭력적입니다."

나는 우선 아이의 긴장을 풀어주기 위해 놀이를 하기로 했다.

"혜진아, 저기 아래에 인형들이 사는 집이 있어. 우리 인형 놀이를 할까?"

혜진이는 말없이 끄덕이며 조심스럽게 일어나 놀이 매트 쪽으로 향했다. 나와 혜진이는 각자 자리를 잡고 앉아서 놀이를 시작했다. 인형의 집은 이층집이었다. 계단도 있었다. 혜진이는 엄마 인형과 아이 인형을 1층 부엌 식탁에 마주 앉게 했다. 아빠 인형은 2층에 있는 안방에 배치했다.

"아빠도 함께 식사하자고 부를까?"

내 제안에 혜진이가 고개를 좌우로 세게 저었다. 그러더니 들릴락 말락 한 소리로 "아빠는 안 돼요"라고 말했다. 내가 "아, 아빠는 지금 밥을 안 먹고 싶은가 보구나?"라고 말하자 혜진이는 머뭇거리더니 "그게 아니고, 아빠가 밖에 나오면 큰일 나요"라고 말하면서 아빠를 방 안에 두고 싶어 했다.

"아빠가 밖에 나오면 무슨 일이 생기는데?"라고 물었을 때 혜진이는 순간 얼어붙은 듯 아무 말도 행동도 하지 않았다. 그러다가 안방의 아빠 인형을 꺼내서 부엌으로 내려오게 한 뒤 식탁 앞에 앉아 있는 엄마 인형을 탁 넘어뜨렸다. 엄마 인형이 부엌 바닥으로 쓰러졌다. 딸의 인형 놀이 장면을 묵묵히 지켜보던 엄마는 입을 막으며 '헉' 하는 작은 신음 소리를 냈다.

아이는 가정 폭력을 다 알고 있다

• • •

혜진이가 나간 후 엄마와 단 둘이 면담을 시작했다. 평소에 말수가 적고 내성적인 아빠는 술만 마시면 돌변하여 엄마에게 폭언하고 집 안 물건을 집어 던지는 행동이 잦았다고 한다. 주로 아이가 자는 동안 일이 벌어지므로 엄마는 혜진이가 그 광경을 목격했으리라고는 생각하지 못했다.

한 달 전에 큰 사건이 있었다. 만취한 아빠가 엄마의 가슴과 머리를 주먹으로 때렸다. 그날 거실 바닥에 쓰러진 엄마는 한동안 일어나지 못한 채 누워 있었다. 아빠가 안방으로 들어간 후, 혜진이가 그런 엄마를 발견하고 옆에 앉아서 계속 울다가 잠든 적이 있었다고 한다.

이후에 혜진이는 유치원에 가지 않으려 했고 엄마를 졸졸 따라다녔다. "내가 유치원에 가 있는 동안 엄마가 없어지면 어떡해?"라는 말도 자주 했다. 잠도 자지 않으려 했다. 겨우 잠들어도 중간에 깨서 엄마를 찾기 일쑤였다. 아빠가 집에 들어오거나 혜진이에게 조금만 다가가면 움찔하면서 뒷걸음치고 울먹였다. 혜진이는 단 한 번도 아빠가 엄마를 때렸던 날에 대해 먼저 말하지 않았다. 두 번째 놀이 시간에 "혜진아, 최근에 무서웠던 일이 있었어?"라고 물었을 때도 "몰라요"라고만 대답했다.

"어머님은 괜찮으신가요? 그동안 많이 힘드셨을 텐데 어떻게 버티신 거죠?"라고 내가 물었을 때 혜진이 엄마는 남편이 술만 안 마시면 착한 사람이라며 음주 상태에서 자신에게 휘두른 남편의 폭력을 변호하려 애썼다.

"아이 아빠가 술에서 깨고 나면 본인이 한 행동에 대해 늘 후회하고 싹싹 빌어요. 다시는 술을 마시지 않겠다고 다짐하고 알코올중독 치료 센터에도 갔어요. 어쨌든 노력을 하는 중이었는데, 그날따라 직장에서 스트레스가 많았는지 오랜만에 과음했어요."

아마도 혜진이는 꽤 오랫동안 아빠가 술에 취한 상태에서 엄마에게 한 말과 행동을 보고 들었을 것이다. 잠든 줄 알았던 혜진이가 방 안에서 자는 척했을 수도 있다.

"어머님, 그동안 아빠가 엄마에게 한 폭력적 언행들을 혜진이가 몰랐을 거라고 생각하지 않습니다. 혜진이는 만성적으로 가정 내 폭력을 목격하며 정신적인 외상을 입은 상태이고, 외상후스트레스장애Post Traumatic Stress Disorder 증세를 나타내고 있습니다."

폭력을 목격한 아이에게 일어나는 일

• • •

나는 혜진이뿐만 아니라 엄마의 치료도 시급하고, 아빠 역시 치료가 반드시 필요하다고 강조했다.

혜진이는 놀이치료를 시작했다. 놀이치료는 언어가 미숙한 아이들을 위한 심리치료의 일종이다. 놀이를 통해 자신이 겪었던 부정적 경험이나 불안을 일정 부분 해소하고, 자신감과 긍정적 대인관계 경험을 만들어주는 것이다.

엄마는 우울증과 PTSD 치료를 받았다. 남편이 밤늦게 들어오기만 해도, 혹시나 만취한 채 들어와서 폭행하지 않을까 미리 긴장하고 가슴이 두근거렸다. 아빠는 혜진이 상태를 알고 충격을 받았으며 두 모녀에게 큰 죄책감을 보였다. 아빠도 기저에 깔려 있던 우울증에 대한 약물 치료와 상담 치료를 받았고 술도 끊었다.

외상후스트레스장애 증상은 외상성 사건에 대한 재경험과 회피, 과각성 증상으로 대표된다. 즉 외상성 사건에 노출된 후 반복적으로 그 사건을 재경험하고 그와 관련된 꿈을 꾸는 증상, 외상성 사건과 유사한 상황을 맞닥뜨리면 놀라거나 가슴이 두근거리는 증상, 외상성 사건이 기억나게 하는 장소에 가지 않으려 하고 그와 관련된 활동을 피하는 증상 등이다. 아이의 각성 상태가 증가하여 모든 것에 대해 지나치게 경계하고 과민해지면 불면증이나 야경증(자다가 갑자기 깨어서 비명이나 울음 등을 보이는 증상) 같은 수면장애가 유발되기도 한다.

혜진이가 진료실에서 인형 놀이를 할 때 아빠 인형이 엄마 인형을 쓰러뜨리게 한 행동은 놀이를 통해 자신이 목격한 외상성 사건을 재연하는 재경험 증상이다. 또한 밤에 잠들기 힘들어하고 반복적으로 깨는 것도 PTSD의 전형적인 과각성 증상이다.

아동기 PTSD의 회피나 재경험 증상은 집중력 저하와 과잉 행동으로 나타나서 마치 주의력결핍과잉행동장애ADHD처럼 보이기도 한다. 횡단보도를 건너다가 교통사고로 다리 골절을 당한 초등학생이 있었다. 모두 회복된 후에도 ADHD 유사 증상을 오래 지속적으로 보여서 결국은 ADHD 증상도 함께 치료하기도 했다. 이와 같이 발달 과정에 있는 어린아이들이 정신적 외상을 당한 후에 나타내는 스트레스 반응이 성인과 달리 전형적이지 않고 복합적일 수 있으므로 주의가 필요하다.

아동이 정신적인 외상을 경험한 후 두뇌에서 일어나는 신경생물학적 변화들에 대해서는 수많은 연구가 있다. 영유아기 발달 과정에서 특정 스트레스를 받으면 아이의 교감신경체계가 자극되고, 각성 유발 호르몬(에피네프린, 도파민 등)의 분비가 증가한다. 또한 시상하부-뇌하수체-부신피질 축의 조절에 장애가 생겨서 코르티솔 분비에 영향을 받게 된다. 이는 성장하는 아이의 뇌 발달에 직접적인 영향을 주고, 신경회로 형성과 뇌 기능에 악영향을 끼친다. 결국 성인기 우울증이나 불안장애, 중독, 인격장애 등으로 이어질 가능성도 커진다. 2016년 미국국립보건원 연구자들은 어린 시절에 아동 학대(외상적 경험) 노출 정도가 심각할수록 내측 전전두엽과 양측 해마방회처럼 감정 조절을 담당하는 뇌 영역 피질의 두께가 얇아져 청소년기에 산만하고 공격적인 문제 행동을 보인다고 발표한 바 있다. 부모 간 싸움도 일종의 정서 학대이며, 아동기의 가장 큰 PTSD의 유발 원인이다.

정신적 외상을 극복하는 데 가장 중요한 것

• • •

아동기에 겪을 수 있는 정신적 외상은 학교 폭력 및 따돌림, 가정 폭력, 신체 학대 및 성 학대, 자연재해 및 사고, 심각한 의학적 질병, 전쟁이나 테러가 대표적이다. 다만 동일한 외상성 사건을 겪었다 할지라도 모든 아이가 PTSD 증상을 보이는 것은 아니다. 아이의 타고난 기질과 성격적 특성, 외상성 사건 이후 주변 가족의 지지 체계나 외상을 유발한 환경이 교정되었는지 여부(예컨대, 폭력적 아빠의 치료, 학대 부모로부터의 분리 등)가 발병과 심각도를 좌우한다.

혜진이는 2년 동안 매주 1회 놀이치료를 지속하며 안정감을 찾아갔다. 아빠가 엄마를 때린 행동에 대해서 단 한 마디도 하지 않았지만, 놀이를 통해 그 사건은 자주 재연됐다. 어떤 날에는 2층 난간에서 아빠 인형을 아래로 추락시키는 분노 반응도 보였다. 치료자는 매 회기마다 혜진이가 놀이를 통해 자신의 마음을 충분히 표현할 수 있도록 도와줬다. 놀이 상황에서 갑자기 아기 인형을 가져와 "응애응애" 하며 울기도 하고, 엄마 인형을 침대에 눕히더니 아이 인형이 엄마 인형을 토닥이는 모습도 보였다. 혜진이는 아기가 되고 싶은 의존적이고 퇴행적인 마음과 동시에, 엄마를 걱정하며 돌보려는 모순된 마음이 공존하고 있는 것을 파악할 수 있었다. 다행스럽게도 혜진이는 치료자와의 놀이 시간을 즐거워했고 말도 꽤 잘했다. 1년

반이 지났을 무렵, 혜진이의 놀이에서 아빠와 엄마에 대한 주제가 아니라 친구들에 대한 주제가 등장하기 시작했다.

누구나 성장하면서 크고 작은 외상성 사건을 경험한다. 아이가 정신적인 외상을 극복하는 데 가장 중요한 것은 회복탄력성이다. '이제 모든 것이 안전하다'는 안전감을 신속히 느끼게 하는 것이 회복력에 가장 중요한 요소이다.

혜진이는 부모가 즉각적으로 문제를 인식하고 적극적으로 변화를 꾀했기에 빠르게 호전됐다. 우울증이 좋아지면서 술을 끊은 아빠는 엄마에게 더 이상 폭력적인 언행을 하지 않았다. 부부관계가 회복되면서 엄마는 아이의 분리불안을 좀 더 이해하고 놀아줄 수 있는 에너지를 얻었다. 엄마는 혜진이의 불안을 흡수했고 아이가 퇴행적인 모습을 할 때는 기다려주면서 아이를 다독이고 안심시키려 노력했다. 혜진이가 치료 과정에서 나아지는 모습은 부부의 태도 변화에 큰 동기를 부여했다. 모든 것이 선순환으로 돌아섰다.

이제 중학생이 된 혜진이는 사회복지사를 꿈꾸고 있다.

외상후스트레스장애(PTSD)

TIP 지금 부모가 실천할 수 있는 일

☑ 아이들은 정신적 외상의 경중과 상관없이 큰 영향을 받을 수 있다는 것을 인식할 것.

☑ 외상 경험 이후 아이가 보이는 불안이나 퇴행적 행동, 과민한 모습들에 대해 부모가 충분히 이해하고 완충할 것.

☑ 아이가 안전하다는 느낌을 갖게 만드는 것이 가장 중요하기에, 외상이 반복되지 않는 환경으로 만드는 것을 최우선적으로 선행할 것.

누구나 성장하면서 크고 작은 외상성 사건을 경험한다.
아이가 정신적인 외상을 극복하는 데 가장 중요한 것은
회복탄력성이다. '이제 모든 것이 안전하다'는 안전감을
신속히 느끼게 하는 것이 회복력에 가장 중요한 요소이다.

12
잘못된 생각에 사로잡혀 반복된 행동을 하는 아이
: 강박장애

강박사고는 반복적이고 지속적인 사고, 충동 또는 이미지가
때로 침투적이고 원하지 않는 방식으로 경험된다.

불안감을 줄이기 위한 반복 행동

"Quarantine(격리). Q, U, A, R, A, N, T, I, N, E. quarantine. 콜레라 알지? 발진티푸스 알지? 감염 안 되게 항상 깨끗해야 돼. 너는 안전하지 않아."

영화 「에비에이터The Aviator」 첫 장면에서 엄마가 어린 아들의 몸

을 꼼꼼하게 목욕시키며 하는 대사이다. 이 영화는 20세기 초 미국의 영화 산업과 항공 산업에 지대한 영향을 끼친 실존 인물 하워드 휴즈Howard Hughes의 일대기를 다룬다.

성인이 된 하워드는 개인 비누를 가지고 다니며 피가 날 때까지 반복적으로 손을 씻는다. 그렇게 손을 씻은 뒤 화장실 문고리를 못 잡아서 열지 못한 채 망설이다, 누가 열고 들어오는 순간을 이용해 재빨리 나간다. 영화는 젊은 백만장자 하워드가 어린 시절에 어머니에게 감염 예방과 청결에 대해 강한 주입을 받으며 성장하다 20대가 되어 대표적인 강박장애 증상을 보이는 과정을 묘사한다.

영화 「이보다 더 좋을 순 없다」 도입부도 주인공 멜빈 유달(잭 니콜슨 분)의 강박장애 증상을 보여주며 시작한다. 현관문을 닫을 때 다섯까지 세면서 잠그고, 전깃불 스위치도 다섯 번 켰다 끄기를 반복한다. 세면대에서 새 비누를 꺼내어 매우 뜨거운 물로 손을 씻은 후 그 비누를 바로 버린다. 식당에서 항상 같은 테이블에 앉아서 개인 플라스틱 나이프와 포크를 꺼내어 식사한다. 로맨스 소설가라는 직업과 어울리지 않게 매사에 규칙적이고 완고한 멜빈을 주변 사람들은 꺼린다.

강박장애란 자신이 원하지 않는 생각과 행동을 반복하는 불안장애의 일종이다. 반복적으로 침투해 들어오는 생각, 충동, 이미지 같은 강박사고obsession를 하고, 그로 인해 유발된 불안을 줄이기 위해 반복적으로 강박행동compulsion을 한다.

영화 속 하워드나 멜빈처럼 오염에 대한 두려움으로 청결에 집착하는 행동, 문이나 가스레인지 밸브를 잠갔는지 반복적으로 점검하는 행동 등이 있다. 숫자 세기나 단어 외우기 같은 증상도 흔하다. 금기시되는 성적 생각과 공격적 환상이 떠올라서 이를 떨치기 위해 특정 행동을 반복하기도 한다. 그렇게 반복하는 행동이 스스로 부적절하고 지나치다는 것을 인식하는데도 불안감을 떨칠 수 없어서 계속 반복하게 된다. 이로 인해 일상생활이나 사회생활, 가족 및 대인 관계에 상당한 지장이 생기는 경우에 강박장애를 진단한다. 100명당 약 2명 정도 발생하고, 대체로 소아·청소년기부터 증상이 시작된다. 여성은 성인기에 발생하는 경우가 약간 더 많고, 남성은 아동기에 시작되는 경우가 흔하다.

강박장애 진단 기준
① 강박사고는 반복적이고 지속적인 사고, 충동 또는 이미지가 때로 침투적이고 원하지 않는 방식으로 경험된다. 대부분 현저한 불안이나 괴로움을 유발한다. 강박행동은 손 씻기나 정리정돈, 확인하기 같은 반복적 행동과 기도하기, 숫자 세기 등 심리내적 행위를 강박사고에 대한 반응으로 수행한다.
② 강박사고나 강박행동이 시간을 소모하게 하여 사회적·직업적 또는 다른

중요한 영역에서 현저한 고통이나 손상을 초래한다.

소아정신과를 방문하는 강박장애 아이들 중에 순수하게 강박장애만 지닌 아이는 흔하지 않다. 유치원 시절부터 분리불안장애를 보인 아이, 눈을 자주 깜박이고 반복적인 소리를 내는 틱 증상이나 집중력 문제를 동반한 아이 등 공존 문제가 다양하다.

강박장애는 왜 생길까? 대표적인 신경전달물질 중 하나인 세로토닌 시스템과 연관이 있는 것으로 알려져 있다. 성인기 강박장애에 비해 아동기에 시작된 강박장애는 틱장애를 더 많이 동반한다. 따라서 틱장애의 원인으로 알려진 도파민 신경회로가 관여한다는 가설도 있다. 강박장애도 다른 정신장애와 마찬가지로 유전적인 영향이 커서 가족 내에 유사한 불안 증상이나 강박 증상을 지닌 구성원이 없는지 꼼꼼히 살펴야 한다. 영화 속에서 하워드의 엄마가 청결과 감염에 지나치게 집착하는 것으로 묘사된 장면은 하워드가 유전적인 영향도 받았음을 암시한다.

쇠수저로 밥을 먹기 힘들어하는 아이

• • •

10여 년 전 지범이는 초등학교에 입학한 후 학교에 잘 가지 않으려 한다면서 부모의 손에 이끌려 소아정신과를 찾았다. 부모는 지범이가 매사에 걱정이 많고 가리는 것도 많다고 얘기했다. 어떤 것들을 가리는지 묻자 아이가 쇠로 된 수저로 밥을 먹는 것을 힘들어한다는 대답이 돌아왔다.

"지범아, 쇠수저로 밥을 먹기 힘들어?"

지범이는 기어드는 목소리로 "네……"라고 대답했다.

그래서 "쇠수저를 보면 어떤 생각이 드니?"라고 다시 물었다.

"쇳가루가 밥에 떨어질 것 같아요."

"실제로 수저에서 쇳가루가 떨어지는 걸 봤어?"

내 질문에 아이는 고개를 저었다.

"안 그러는 거 아는데요, 꼭 떨어질 것만 같아요."

그래서 지범이네 식탁에는 매번 플라스틱 수저와 나무젓가락이 놓였다. 나는 지범이에게 다른 증상들은 없는지 더 탐색해봤다. 아동용 '예일-브라운 강박장애척도'도 시행했다.

지범이가 두려워하는 것은 단지 쇠로 된 수저뿐만이 아니었다. 마시는 컵도 불투명해야 한다고 말했다. 컵 안에서 물이 출렁이는 모습을 보면 소름이 끼칠 정도로 힘들어했다. 학교 급식 시간의 스테인리스 식판과 수저, 투명 물컵을 견디지 못해 점심 전 조퇴가 잦아지더니 결국 등교까지 거부하기 시작했다.

어릴 때는 유치원에 가기 전이면 "엄마, 나를 데리러 올 거야?"라고 반복적으로 확인했고, 다녀와서 엄마가 지범이의 오른쪽 볼에 뽀뽀하면 왼쪽 볼에도 뽀뽀해달라고 요구했다. 대칭성에 대한 강박도 아동기에 흔히 나타나는 증상 중 하나이다. 초등학생이 되면서 그 증상은 점차 줄어들었으나 여전히 남아 있었다. 글자 양쪽이 반드시 대칭되도록 쓰느라 시간이 매우 오래 걸려서 제시간에 글쓰기를 마치는 경우가 없었다.

아이의 강박 대상에 악당 이름을 붙여라

• • •

지범이처럼 어린 강박장애 환자의 치료를 위해서는 약물 치료보다는 인지행동치료를 우선 고려한다. 증상이 심각하여 합병증이 많고, 일상생활이 불가능할 경우에는 약물 치료도 병행한다.

강박장애 환자들에게 주로 사용하는 인지행동치료는 '노출 및 반응 방지' 기법이다. '노출' 기법이란 두려운 자극에 적절히 노출하는 과정을 반복하여 궁극적으로는 불안을 줄이는 행동이론에 기반한다. 쇳가루가 떨어질 것 같아서 쇠수저를 피하는 지범이에게 쇠수저를 사용하게 하는 것이 '노출'이다. 동시에 노출에 따른 불안을 이기지 못해 쇠수저를 피하고 플라스틱 수저를 찾는 행동을 못 하게 하는 '반응 방지'를 한다. 노출 상황에서 아이가 아무리 힘들어 하더라도 부모는 아이가 쇠수저를 피하지 않도록 독려해야 한다. 아이가 쇠수저를 어렵게 사용했을 경우, 그때마다 부모가 크게 칭찬하는 등의 보상을 해주는 것이다. 다만, 노출을 시도했을 때 불안이 심해서 도저히 이 기법을 시도조차 할 수 없을 경우, 강박장애 치료제로서 가장 효과적인 선택적 세로토닌 재흡수 차단제Selective Serotonin Reuptake Inhibitor, SSRI를 병행하면 이 기법을 보다 수월하게 활용할 수 있다.

소아·청소년 강박장애 치료의 대가인 듀크대학의 존 마치John March 박사는 아이와 부모에게 강박장애를 '뇌 딸국질'로 비유해 설명한다. '뇌 딸국질'로 묘사되는 강박장애가 아이의 다른 뇌 기능에는 영향을 미치지 않음을 강조하고, 그 증상을 아이에게서 분리하려고 시도하는 것이다.

마치 박사는 '강박장애'에다가 '아이가 물리치고 싶은 특정 나쁜 대상'을 별명으로 붙이게 한 후 '노출' 시에 그 별명과 싸우게 한다. 어떤 아이는 강박장애에다가 자신이 반에서 가장 싫어하는 친구의 이름을 붙이기도 하고, 또 어떤 아이는 만화 속 악당 캐릭터의 이름을 붙이기도 한다. '노출' 시에 불안이 강하게 올라와 회피행동을 하게 될 때 물리칠 대상(아이가 스스로 붙인 별명)에게 지지 않으려면 어떻게 해야 하는지 가르친다. 물리칠 대상이 머릿속에 침입할 경우 대응하지 않고 혼자 놀다 나가도록 내버려두라고 교육하는 것이다. 아이에게 "나는 너에게 대응하지 않겠어. 그냥 놀다 가렴"이라고 혼잣말을 하게 시킨다. 꽤 유용하다.

노출-반응 방지 기법을 수행할 때 각각의 노출 상황에 따른 불안 점수도 매기게 한다. 상징적으로 1부터 10까지 점수를 매긴 '공포 온도계'를 만들어서 아이 스스로 자극 노출에 따른 불안 점수가 몇 점인지 인식하게 하면 도움이 된다.

지범이는 1년여 동안의 노출-반응 방지 기법으로 상당히 호전됐다. 부모가 치료에 적극 참여했기에 가능한 일이었다. 지범이 부모는 주치의 지침에 따라 가정에서 아이의 회피(플라스틱이나 나무 수저 사용)를 수용하지 않고, 노출(쇠수저 사용)을 시도할 때마다 적극적인 칭찬과 보상을 시도했다. 이러한 부모의 일관된 반응과 태도는 아이가 집에서 성공적으로 기법을 수행할 수 있는 가장 중요한 요소이다.

코로나19 상황이 일상회복 국면에 들어섰으나 우리는 더이상 감염병에 자유로울 수 없는 시대에 살고 있다. 하워드의 엄마가 전염병으로부터 어린 아들을 보호하기 위해 "항상 깨끗해야 돼. 너는 안전하지 않아"라고 말하는 대목이 묘하게 다가온다. 필수 감염 예방 수칙을 성실히 따르는 것은 건강한 행위이지만, 감염에 대한 지나친 염려와 위생 강박은 병적인 것이다. 둘 사이를 잘 구분하고 슬기롭게 대처하는 지혜가 필요하다.

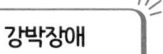

강박장애

TIP 지금 부모가 실천할 수 있는 일

- ☑ 부모가 아이의 강박행동에 대해 '그만 좀 하라'는 식의 잔소리를 할 경우 불안이 더 심해지고 증상이 악화된다는 것을 인식할 것.
- ☑ 강박증상이 학업이나 대인관계 등의 일상생활을 방해할 정도라면 반드시 소아정신과 전문 치료를 받을 것.
- ☑ 만약, 아이가 '숫자를 셋까지 센 다음 문을 열어야 하는' 강박행동을 보인다면 '숫자를 세지 않고 문 열기'(노출)를 시도하도록 독려하고 10번 중 한두 번이라도 성공했을 때 강력하게 보상을 줄 것.

13
화날 때마다 보이는
아이의 이상 행동
: 모발뽑기장애

모발을 뽑는 환자들 중 다수가 손톱을 뜯고 입술을 씹는 행동을 함께 나타낸다.

머리카락을 자꾸 뽑는 아이

• • •

"선생님, 예약 안 된 환자분이 잠깐 인사만 드리고 가겠다고 찾아오셨는데 어떻게 할까요?"

간호사가 물었다. 시계를 보니 외래 진료 시작까지 10분 정도가 남아 있었다.

"환자분 이름이 어찌 되죠?"

내가 물었다.

"이승완 님이라고 하시네요. 근데 군인인데요?"

아이의 얼굴이 선명하게 떠올랐다.

"아, 승완이······."

승완이는 고등학교 2학년 겨울방학에 치료를 종결한 환자이다. 대학에 입학하고 1년 후 군에 입대했는데 첫 휴가를 나왔다가 부대로 복귀하는 길에 인사하고 싶다며 병원을 찾은 것이다.

승완이는 초등학교 5학년 여름에 부모와 함께 내 진료실을 방문했다. 모발과 눈썹의 탈모 증세를 보여 피부과를 찾았고 그곳에서 소아정신과 진료를 권유한 것이다. 승완이는 첫 내원 당시에 야구 모자를 쓰고 있었다.

"승완아, 모자를 좀 벗어줄 수 있어?"라고 내가 말하자 승완이는 조금 머뭇거리다가 예상했다는 듯 무심하게 모자를 휙 벗었다. 앞머리와 정수리에 약 3센티미터 지름의 크기로 두피가 희끗희끗 드러난 모습이었다. 피부과 진료 기록을 봤다.

"환자 스스로 모발을 반복적으로 잡아당겨 뽑는다 함. 일관되지 않고 다양하게 끊긴 머리카락 관찰. 눈썹 결손 동반. 모발 결손 양상은 원형탈모의 전형적인 형태가 아님. 소아정신과에 의뢰함."

승완이는 '모발뽑기장애'로 진단받았다. 모발뽑기장애란 스스로 반복적으로 머리카락을 뽑아내어 상당 수준으로 모발의 결손이 발생하는 병이다. 영문명 'Trichotillomania'는 그리스어로 'hair(모발)'를 뜻하는 thrix와, 'pulling(뽑기)'을 의미하는 tíllein 그리고 'madness(장애)'를 뜻하는 mania, 이 세 단어가 조합되어 탄생한 용어이다. 우리말로는 그동안 '발모광'이라 불렸으나, 최근 번역을 순화하여 '모발뽑기장애'라고 부른다.

성인의 경우 여성이 남성보다 10배 많지만, 소아·청소년기의 남녀비율은 동일하다. 아동에게서는 1,000명당 2~3명 정도만 발병할 정도로 매우 드문 병이다. 내가 지난 20여 년간 진료한 소아정신과 환자들 중에서 전형적인 모발뽑기장애 증상을 보인 사례가 10건도 채 되지 않는다.

모발뽑기장애는 과거에는 '충동조절장애'에 포함되어 있었으나, DSM-5에서는 '강박 관련 장애'로 재분류됐다. 강박 관련 장애에 속한 장애들이 그 증상과 원인이 유사하고 가족 유전성과 기질적인 특성, 약물 치료 반응들을 공유한다고 판단했기 때문이다.

그중에는 인지의 왜곡이 두드러진 요소를 차지하는 강박장애·신체이행장애(실제로는 외모에 결함이 없거나 또는 매우 사소한 것임에도 자신의 외모에 심각한 결함이 있다는 생각에 사로잡혀 있는 장애), 저장

장애(언젠가는 필요할지도 모른다는 생각에 버려야 할 물건을 버리지 못하고 강박적으로 쌓아두는 장애)가 있는 반면, 신체에 집중된 행동을 반복적으로 보이는 모발뽑기장애·손톱 뜯기·입술 씹기 등도 그에 해당한다.

분노를 혼자 해소하기 위한 수단

• • •

모발을 뽑는 환자들 중 다수가 손톱을 뜯고 입술을 씹는 행동을 함께 한다. 환자들은 이런 반복 행동을 은밀하게 행하고 다른 사람이 있을 때는 억제하여 숨기려 한다.

승완이 부모가 아이의 문제를 한참 지나서야 알게 된 것도 승완이가 방 안에서 혼자 있을 때만 모발을 뽑는 행동을 했기 때문이다.

"승완아, 머리카락 뽑는 것을 멈추려고 노력해봤니?"

나는 아이의 눈을 응시하며 물었다.

승완이는 말없이 고개를 끄덕였다.

"노력해도 잘 안 됐어?"라는 내 물음에는 아이가 "네……" 하고 작은 목소리로 대답했다.

"그랬구나. 어려운 게 맞아. 선생님이 어떤 걸 도와주면 좋겠어?"

"머리카락을 그만 뽑게 해주면 좋겠고……."

"그리고 또?"

"화가 안 나면 좋겠어요."

"아, 승완이는 화날 때가 많은가 보구나. 어떨 때 화가 나는데?"

"……."

그때 승완이는 대답 없이 옆자리에 있는 엄마를 곁눈질로 힐끗 쳐다봤다. 나는 부모를 내보낸 후 승완이와 단독 면담을 시작했다.

승완이는 초등학교에 입학하기 전까지는 약간 예민하고 걱정이 많은 성향 이외에 특별한 문제가 없는 아이였다. 2학년이 되었을 때 엄마가 직장 일로 갑자기 바빠지면서 승완이는 주로 할머니가 도맡아 돌보기 시작했다. 4학년에 올라가면서 다녀야 할 학원 수가 많아지자 학원 숙제로 인해 스트레스를 받기 시작했다.

하루는 승완이가 학원을 가기 싫다고 했는데, 이 말에 할머니가 불같이 화를 냈다. 그리고 아이에게 잠을 재우지 않고 학원 숙제를 시켰다. 승완이는 자기 스트레스를 이해해주지 않는 할머니가 미웠고, 자신을 할머니한테만 맡기는 부모에게 서운하고 화가 났다. 그런데도 학원에 가기 싫다는 말을 제대로 못 하고 속으로만 끙끙 앓았다고 한다.

부모는 이런 사실을 그 당시에 잘 몰랐다. 승완이는 숙제가 많은 날이면 특히 화가 많이 났고, 공부하면서 정수리 머리카락을 뽑기 시작했다. 책상 위에 수북이 쌓인 머리카락을 보면서 화가 풀리는 느낌도 받았다. 정수리에서 시작한 행동이 점차 앞머리 쪽으로 번졌고, 눈썹까지 뽑았다. 처음에는 화날 때만 뽑았으나, 시간이 갈수록 TV를 보거나 지루할 때도 자연스레 머리카락을 뽑는 행동을 하게 되었다. 분노 감정을 달래고 해소하기 위한 수단으로 시작한 모발 뽑기 행동이 자신에게 시원한 느낌과 안도감을 가져다주면서 강화되고 반복되는 악순환에 빠진 것이다.

아이는 자기감정을 '말'로 표현할 수 있어야 한다

• • •

나는 부모에게 병의 치료 방법을 말하기 전에 승완이가 왜 이런 행동을 하게 되었는지 설명했다.

"승완이는 자신이 경험하고 있는 나쁜 기분을 남에게 털어놓는 데 익숙하지 않은 아이입니다. 공부 스트레스, 할머니와의 갈등을 부모님에게 털어놓으면 사랑을 잃을지 모른다는 두려움도 지니고 있고요. 승완이가 자기 스트레스를 말로 표현할 수 있는 기회, 승완이의 그런 표현이 수용될 수 있는 기회를 부모님이 주셔야 해요. 아이가 화를 참기만 하니 내면의 분노가 모발을 뽑는 행동으로 표출됐고, 점차 반복되면서 지금은 지루할 때조차 뽑는 상황에 이른 것입니다."

 나는 가정환경 내에서 부모의 태도 변화가 가장 우선시되어야 함을 강조했다.

 "승완이가 자신의 스트레스나 분노를 주저 없이 부모에게 말할 수 있도록 하려면 아이와 함께 보내는 시간이 많아져야 합니다. 승완이와 함께하는 동안 아이의 작은 표현들에 경청하면서 우호적인 태도를 취하는 것이 많은 도움이 돼요. 일시적으로 아이가 자기감정을 과하게 표현하거나 퇴행적인 행동을 보일 수도 있을 겁니다. 그런 시기는 오래 지속되지는 않을 테니 너무 걱정하지 마세요. 이 과정은 아이가 호전되기 위해 반드시 필요한 과도기입니다."

 아이의 작은 표현들은 대체로 비언어적인 것들이 많다. 예를 들어, 공부하면서 한숨을 자주 쉰다거나, 부모가 학원 스케줄을 알려줄 때 아무런 반응을 안 하는 것들이다. 나름대로 아이 입장에서는 공부나 학원에 대해 스트레스를 받고 있다는 신호를 보낸 것이다. 이때 부모는 이 신호를 그냥 넘기지 않고 아이가 마음속 이야기를 꺼낼 수 있도록 편안한 분위기를 만들어주어야 한다. 자신이 어떤 이야기를 해도 부모로부터 반박당하지 않을 것이라는 믿음을 주어야 한다.

머리카락 뽑는 습관을 효과적으로 바꾸는 방법

• • •

이후에 부모는 열심히 노력해서 상당한 변화를 보였지만, 할머니의 변화는 더뎠다. 할머니는 여전히 아이의 사소한 잘못을 지적했다. 나는 부모에게 아이의 훈육과 학습에 주도권을 가지라고 권했다.

승완이 엄마는 1년간 휴직을 하고 아이와 시간을 많이 보내기 시작했다. 아이의 솔직한 감정 표현이 점차 많아지면서 머리카락에 손을 대는 행동이 줄기 시작했다. 아빠도 주말마다 아이와 자전거를 타면서 시간을 보냈다.

아이에 대한 할머니의 개입도 차츰 줄어갔다. 부모 및 가족의 변화와 함께 아이에게는 인지행동치료 모델에 기반한 습관반전기법 Habit Reversal Training을 시행했다. 습관반전기법이란 우선적으로 모발을 뽑기 직전의 충동(예 : 간질거림, 답답함 등)을 인식하는 훈련으로, 이를 '전조 감각 충동 인식 훈련'이라고 한다. 아이가 그 충동을 제대로 인식하게 되면, 그러고 싶은 순간(습관적 행동을 하기 직전) 손이 머리로 가지 않도록 방지하는 다른 행동으로 대치하게 만든다.

승완이는 주로 왼쪽 손으로 모발을 뽑았기에 반대편 손목에 감촉이 부드러운 밴드를 차게 했다. 모발을 뽑고 싶은 충동이 올라올 때마다 왼쪽 손가락으로 오른쪽 손목의 밴드를 만지도록 훈련했다. 이 방법은 꽤 효과적이었다. 물론 부모의 태도 변화가 선행됐기에 치료 과정이 순조로웠다. 승완이는 중학교에 입학하기 전에 모발을 뽑는 증상이 거의 사라졌고, 이후로는 방학 때마다 상담했다.

치료를 종결하던 날에 대학생이 되면 인사하러 오겠다고 약속한 승완이가 정말 인사하러 들른 것이다. 거수경례하는 모습이 무척 늠름했다. 머리에 군인 모자를 푹 눌러쓰며 나가는 승완이의 뒷모습을 바라보자니 묘하게 벅찬 감정이 올라왔다.

모발뽑기장애

TIP **지금 부모가 실천할 수 있는 일**

- ☑ 아이와 함께 시간을 보내면서 아이가 보내는 작은 신호에 귀 기울여줄 것.
- ☑ 아이가 자신의 감정과 스트레스를 '말'로 표현할 수 있도록 편안한 분위기를 조성해줄 것.
- ☑ 그렇게 표현해도 부모는 한결같이 아이를 사랑할 뿐만 아니라 아이가 힘들지 않도록 도와주고 싶다는 진심을 전할 것.

14
아이가 자기 몸에 상처를 낸다면
: 비자살성 자해

자해하는 청소년들은 대부분 자신의 부정적인 감정을
어떻게 다뤄야 할지 몰라서 자기 몸에 상처를 낸다.

아이는 살고 싶다는 신호도 같이 보낸다

"참으로 진지한 철학적 문제는 오직 하나뿐이다. 그것은 바로 자살이다. 인생이 살 가치가 있느냐 없느냐를 판단하는 것이야말로 철학의 근본 문제에 답하는 것이다."

알베르 카뮈Albert Camus의 『시시포스 신화』에 나오는 첫 구절로 유명하다. 이 책은 비록 자살에 대한 구절로 시작하지만, 결국 자살은 부조리에 대한 순응이고 삶은 부조리에 대한 저항이라 말하며, 그래서 인생은 살 가치가 있다고 역설한다. 카뮈는 "자신의 삶, 반항, 자유를 느낀다는 것, 그것을 최대한 많이 느낀다는 것, 그것이 바로 사는 것이며 최대한 많이 사는 것이다"라고 삶의 희망을 강조했다.

자살 시도로 응급실을 찾는 청소년 환자가 해마다 늘고 있다. 자살을 시도한 후 내 앞에 마주한 아이들에게 가장 많이 듣는 말은 이렇다.

"도대체 제가 스스로 죽겠다는데 왜 죽지 못하게 하나요? 제 권리 아닌가요? 아침에 눈을 뜰 때마다 '하루를 또 어떻게 버티지'라는 생각에 고통스러워요."

나는 그때마다 답한다. "'어떻게 버틸까'에 대해서는 많이 생각하지 말고, 그냥 버티자"라고. "<u>네가 생존해 있는 것 자체가 충분히 가치 있는 일이라고.</u>"

아이들이 말하는 죽고 싶은 이유는 다양하다. 이성 친구에게 절교 선언을 당해서, 집단 따돌림을 당해서, 학업성적이 떨어져서, 부모님에게 혼나서, 선생님에게 혼나서, 모든 게 억울하고 화가 나서 등이다. 대부분의 이유는 '살아가는 게 무의미해졌으니 죽는 게 낫다'는 것이다.

자살을 시도한 청소년 중 많은 아이가 죽고 싶지만 동시에 살고 싶다는 신호를 보낸다. 그래서 자살을 시도하기 직전에 친구에게 전화하기도 하고, 부모에게 자살 시도 사실을 알리기도 한다. 그래서 생존한 아이들에게는 그렇게 도움을 요청한 행동에 대해 칭찬하고 격려한다.

자해와 자살 의도

• • •

자살은 많은 화두를 던진다. 카뮈가 말한 것처럼 철학적 문제일 수도 있고, 어린 청소년의 경우 가족이나 주변 환경, 스트레스에 대한 반응적 행동일 수도 있다. 그러다 보니 자살 시도 청소년을 평가할 때 '정말 죽고자 하는 의도가 있었는지'에 대해 확인하는 과정을 꼼꼼히 거친다. 처음에 자살 의도를 가지고 시도했으나 생존 후에 자기 행동을 후회하는 아이들도 있고, 애초에 자살 의도가 뚜렷하지 않은 아이들도 의외로 많다.

최근 몇 년간 자기 신체에 상처를 내는 청소년이 급증했다. 자해한 청소년에게 가장 처음으로 묻는 말은 자살에 대한 의도가 있었는지 없었는지다.

아이는 죽고 싶어서 한 행동은 아니라고 말한다. 그저 스스로 낸 상처에서 스며 나오는 피를 보면 기분이 좀 나아지기 때문에 그런 행동을 했다고 말한다. 과연 자살 의도가 없다는 아이의 말을 믿어도 되는 것일까.

명백히 죽음에 이를 정도의 상해가 아닌데도 죽고 싶다고 말하는 아이도 있다. 이 경우에는 자살 의도와 자해가 연관이 있다고 봐야 할까. 쉽게 답하기 까다로운 질문이다.

블라우스에 가려진 아이의 자해 흔적

• • •

열다섯 살 소현이는 한여름인데도 긴소매 블라우스를 입고 있었다. 엄마와 나란히 앉은 소현이의 얼굴은 담담했다. 엄마가 병원을 찾은 이유를 말하는 동안 묵묵히 엄마의 이야기를 들었다. 이런 자리가 익숙한 듯 엄마의 말에 가끔 고개를 끄덕이기도 했다.

"선생님, 아이가 반복적으로 자해를 해왔다는 것을 최근에 알게 됐어요. 아이의 말로는 이러기 시작한 지 1년이 넘었다고 하네요."

엄마는 힘겹게 입을 뗐다.

"어떻게 알게 되셨나요?"라고 내가 물었다.

"소현이가 한여름인데도 긴팔 옷만 입고 다니고, 반소매 옷을 입을 때는 면적이 넓은 가죽 팔찌를 여러 개 겹겹이 차고 다녀서 이상하다고 생각했어요. 그래서 아이가 자는 동안 팔을 봤지요. 그랬더니 손목부터 팔꿈치 안쪽까지 칼로 얕게 낸 상처가 가로로 수십 줄 이상 나 있더라고요."

그 말을 듣고 아이에게 "소현아, 선생님이 네 팔을 좀 봐도 될까?"라고 물었다.

소현이는 큰 저항 없이 긴소매를 걷어 올렸다. 손목에는 가죽 팔찌를 겹겹이 차고 있었다. 팔찌도 본인이 스스로 풀었다. 아이의 손목 안쪽에서 위로 약 10센티미터까지 이미 희미해진 자해 흔적과 커터 칼로 그은 지 얼마 안 되는 새로운 자해 흔적이 혼재해 있었다.

자기 몸에 상처를 내는 진짜 이유

• • •

비자살성 자해란 자살하려는 의도가 없이 자기 신체에 고의로 상해를 입히는 행동을 말한다. 커터 칼로 손목을 긋기, 자기 신체에 화상을 입히기, 스스로 자기 신체를 때리기 등이 포함된다. 과거에는 이런 자해 행동도 자살 시도가 약화된 형태로 간주하여 그 치료 과정이 자살 시도 환자와 유사하게 진행됐다.

최근 10여 년 사이에 많은 변화가 있어서 비자살성 자해 행동에 대한 진단 기준이 정립됐다. 이는 자살 의도가 없는 자해 환자들에 대해 더욱 심층적인 평가와 치료가 필요하다는 데 전문가들이 인식을 같이 했기 때문이다. 청소년들의 자해 빈도는 18~20퍼센트에 이른다. 한국청소년상담복지개발원의 통계에 따르면 2017년에서 2019년 사이에 자해를 호소하는 청소년 상담 건수는 4.7배 증가했다. 이는 자살에 대한 상담을 뛰어넘는 수치이기도 하다.

비자살성 자해 행동의 진단 기준
① 지난 1년간 5일 이상 신체 표면에 고의로 출혈이나 상처를 유발하는 행동을 스스로 가했지만, 자살 의도는 없다(피어싱이나 문신 등은 포함되지 않음).
② 부정적인 느낌으로부터 안도감을 얻기 위해, 대인 관계의 어려움을 해결하기 위해, 긍정적인 기분을 유도하기 위해 자해를 시도한다.
③ 자해 행위를 하지 않을 때도 자해에 대한 생각이 빈번하게 일어난다.

연세대 의대 소아정신과 연구팀이 최근 5년간 자해 행동으로 세브란스병원 응급실에 내원한 청소년들을 분석한 결과, 약 230명의 자해 행동 청소년 중 50퍼센트 이상이 두 차례 이상 자해를 반복했고, 80퍼센트 이상이 기저에 우울증을 지니고 있었다. 또한 자살 의도를 지닌 자살성 자해 청소년들과 자살 의도를 지니지 않은 비자살성 자해 청소년들 모두 우울증 치료를 위해 처방받아 복용해온 약을 한꺼번에 음독하는 경우가 상당히 많았다는 사실도 확인했다. 자살 의도가 없는 자해 행동일지라도 사고로 죽음에 이를 수 있는 위험한 행동이므로 비자살성 자해 행동은 심각하게 받아들이고 반드시 치료해야 한다.

"소현아, 왜 커터 칼로 네 팔을 그었어? 죽고 싶은 마음에서 그랬어?"라고 내가 묻자 소현이는 이렇게 대답했다.

"죽고 싶었던 적은 있지만, 그래서 팔을 그은 건 아니에요. 팔에 상처를 내면 마음이 좀 편안해지거든요."

소현이는 기분이 좋지 않고 답답한 마음이 최고조에 이를 때 자해를 하면 그런 감정이 해소된다고 말했다. 부모는 소현이가 반복적으로 자해해왔다는 사실을 알고 무서운 마음이 드는 동시에 아이가 밉고 화가 났다고 했다. 아버지는 너무 화난 나머지 "너, 팔을 그어도 안 죽는다는 걸 알고 이러는 거잖아. 왜 바보 같은 행동을 하니?"라고 소현이를 몰아붙이며 비난했다고 후회했다.

자해하는 청소년들은 대부분 자신의 부정적인 감정을 어떻게 다뤄야 할지 몰라서 자기 몸에 상처를 낸다. 자기감정을 조절하기 어려워하고, 나쁜 감정을 언어로 표현하기도 힘들어한다. 역설적으로 자해해야 살 수 있을 것 같아서 자해하고 그 행동에 반복해서 의존하는 것이다. 어떤 방식으로든 표현해서 비관적인 기분과 불안한 마음을 해소하고 싶은데 다른 방법을 딱히 못 찾겠다고 하소연한다.

건강한 해소 방법을 제안할 것

● ● ●

 이런 자해 청소년들에게 가장 보편적으로 시행하는 치료 기법은 변증법적 행동치료다. 정반합正反合의 변증법을 통해 '수용'과 '변화'라는 두 요소를 결합하고 '감정 조절의 기술'을 조합한 치료이다. 즉 아이가 자신의 취약한 감정 조절 능력을 받아들이고(수용), 부정적인 감정에 휩싸일 때 자해 행동 대신 건강한 해소 방법을 찾도록(변화) 유도하는 방식이다.

 아이가 자기감정을 조절할 수 있도록 훈련하는 방법은 다음과 같다. 자신의 나쁜 감정을 알아차리고 그 감정에 이름을 붙이기, 나쁜 감정을 변화시키는 데 방해가 되는 요소를 파악하기, 나쁜 감정에 영향받는 빈도를 줄이기, 좋은 감정을 느끼게 해주는 일을 늘리기 등이다.

 또한, 나는 소현이에게 불안하고 답답한 마음으로 인해 자해 충동이 올라올 때 가까운 사람에게 신호를 보내도록 교육했다. 소현이는 중학교 입학 후 친구들로부터 따돌림을 당했던 과거가 있었다. 자신에게 가장 악몽과 같은 기간이었다고 한다. 결국 다른 중학교로 전학을 갔지만 그 당시의 기억이 자주 떠올랐고 그때마다 기분이 나빠져 자해 충동이 든다고 말했다. 소현이는 나쁜 감정이 들게 만드는 선행 생각(친구들로부터 왕따 당했던 기억)을 인식하게 되면서, 나쁜 감정이 들기 전 단계에서부터 대처를 잘할 수 있게 되었다. 나쁜 감정에 가장 싫어하는 빌런 캐릭터 이름도 붙였다. 그 빌런이 나타나면 굴복하지 않기 위해 그 상태에 빠져 있지 않는 훈련을 받았다. 이후 소현이는 나쁜 기분이 들면 자동으로 자기 몸에 상처를 냈던 예전 상태에서 적어도 부정적인 감정을 스스로 인식하고 누군가에게 도와달라는 신호를 보내는 상태가 되었다. 부모에게는 소현이가 도움의 신호를 보낼 때 즉각적으로 공감하고 반응해주도록 교육했다. 부모 입장에서 아무것도 아닌 이유로 아이가 기분이 나빠진다고 생각되어도, 10대 초반의 나이는 사소한 것에 감정의 롤러코스터를 타는 시기임을 잊지 말아야 한다.

이제 소현이는 부정적인 기분이 들 때면 손목에 자해하는 대신 엄마를 불러 함께 산책하거나 좋아하는 아이돌 가수의 영상을 본다. 어느덧 소현이가 자해하지 않은 지 5년째다.

비자살성 자해

TIP 지금 부모가 실천할 수 있는 일

- ☑ "그 정도로는 안 죽는다는 걸 너도 알잖아. 제발 쇼하지 마라"라고 아이의 반복적 자해를 조롱하지 말 것.
- ☑ 자살 의도가 있었든 없었든 아이가 자해를 시도하기 전에 미리 신호를 보냈다면 도움을 요청한 행동에 대해 적극 칭찬할 것.
- ☑ 부모 입장에서 아이가 사소한 이유로 기분이 나빠졌다고 생각되어도 아이의 신호에 즉각 공감하고 반응할 것.

아이가 자기감정을 조절할 수 있도록 훈련하는 방법은
자신의 나쁜 감정을 알아차리고 그 감정에 이름을 붙이기,
나쁜 감정을 변화시키는 데 방해가 되는 요소를 파악하기,
나쁜 감정에 영향받는 빈도를 줄이기,
좋은 감정을 느끼게 해주는 일을 늘리기 등이다.

(3)

그 밖의 방식으로 보내는 아이의 신호

15
머리 아프고 배 아픈 일이 잦아진 아이
: 신체증상장애

사람이 스트레스를 지속적으로 받고 불안하면 신경호르몬에 변화가 일어나 장기에 영향을 끼쳐서 몸을 아프게 만든다.

의학적으로 설명되지 않는 두통을 호소하는 아이

"천 교수님, 지금 혹시 병원에 계시나요?"

아침 출근길에 소아신경과 교수가 다급히 전화했다.

"어제저녁 응급실에 온 환자에 대해 말씀드리려고요. 두통으로 온 여자아이인데 신경과에서 할 수 있는 검사는 다 했는데도 특별한 이상 소견을 발견하지 못했어요. 아무래도 정신과적 문제가 의심되는데 교수님이 직접 봐주셔야 할 것 같습니다."

거의 병원에 도착했던 참이라 연구실로 올라와 가운을 걸치면서 전공의에게 전화했다.

"소아신경과에서 협진을 의뢰한 11세 박수정이라는 여자아이, 강 선생이 응급실 소아 구역으로 내려가서 기초 면담을 시작해주세요."

응급실 환자에 대해 먼저 파악한 교수가 전공의에게 지시하는 일은 흔하지 않기에 강 선생은 다소 긴장한 목소리로 신속히 진행하겠다고 대답했다. 내가 응급실 소아 구역에 들어서자 전공의가 어쩔 줄 모르고 있었다.

"교수님! 어쩌죠? 아이에게 다가갔더니 머리만 감싸 안으며 아파 죽겠다고 신음하면서 아무 말도 하지 않습니다. 부모님은 왜 정신건강의학과 의사가 내려왔느냐면서 무척 화를 내셨고요. 아이가 저렇게 아파하는데 어떤 처치라도 해줘야 하는 것 아니냐고요. 면담은 시작도 못 했습니다."

나는 신체 증상으로 응급실에 온 환자와 보호자들의 자연스러운 반응이라고 설명하며 전공의를 안심시켰다.

"수정아, 어디가 제일 아파?"

나는 아이가 누워 있는 침상으로 다가가서 최대한 다정하게 물었다. 수정이는 얼굴을 한껏 찡그리며 검지로 양쪽 관자놀이를 가리켰다.

"어제 학교에 있을 때까지는 괜찮았니?"

수정이가 고개를 끄덕였다. 부모는 걱정스러운 표정으로 아이와 나를 번갈아 쳐다봤다.

"수정아, 선생님이 아픈 게 좀 가라앉도록 알약 하나를 줄 거야. 알약 잘 삼키니?"

수정이는 내 시선을 피하면서 모기만 한 목소리로 "네"라고 대답했다. 나는 복도로 나와서 전공의에게 소량의 항불안제 처방을 지시한 후 부모와 마주했다.

부모에게 아이가 심리적 불안이나 스트레스로 인해 몸이 아플 가능성에 관해 설명했다. 신체 증상을 각종 의학적인 검사로 확인할 수 없는 경우에 '신체증상장애'라고 부른다고 덧붙였다.

"선생님, 그럼 수정이가 꾀병을 부린다는 말씀인가요? 정말 데굴데굴 구를 정도로 심각하게 아파했는데요."

내 설명에 부모가 의아한 표정으로 되물었다.

"아뇨. 수정이는 실제로 무척 아픈 겁니다. 다만 통증이 의학적으로 설명이 안 된다는 것일 뿐, 아이가 의도적으로 꾸며낸 건 아니에요."

사람이 스트레스를 지속적으로 받고 불안하면 신경호르몬에 변화가 일어난다. 균형이 깨진 신경호르몬이 뇌, 심폐, 소화기, 근육 등 다양한 장기에 영향을 끼쳐서 몸을 아프게 만드는 것이다. 스트레스를 오래 받으면 신경전달물질이 변하고 뇌-장 신경계를 통해 대장이 민감해져서 복통과 설사 증상을 보이는 '과민성 대장 증후군'이 바로 대표적인 예이다.

아이가 스트레스를 표현하지 못하면
• • •

수정이는 소아정신과에 입원했다. 입원한 지 셋째 날부터 아이의 두통이 서서히 호전되기 시작했다. 그동안 수정이에게 무슨 일이 있었던 걸까?

수정이는 스스로 숙제도 잘하고 매사에 손이 갈 데가 없는 순하고 의젓한 아이였다. 1년 전에 남동생이 백혈병 진단을 받은 후부터 집안 환경이 급격히 변했다. 항암 치료를 받는 동생과 함께 엄마는 입원과 퇴원을 반복했고, 수정이는 방과 후 바로 학원에 가서 숙제까지 다 마친 후 집으로 돌아왔다. 식탁에 차려진 음식을 혼자 먹는 날이 많았다. 부모는 아이 앞에서 의연하려고 애썼지만, 표정은 지치고 어두웠다. 어느 날에는 설거지하던 엄마가 갑자기 흐느끼는 모습을 아이가 목격하기도 했다.

초등학교 3학년이 된 수정이는 친구들과 갈등하거나 어려운 숙제가 있어도 늘 바쁘고 슬퍼 보이는 엄마에게 어떤 도움도 구하지 않고 혼자 해결하려 했다. 엄마는 이런 수정이에게 '알아서 잘하니

기특하다'라는 칭찬을 자주 했다. 4학년이 된 후 배가 아프다며 몇 번 조퇴를 한 적이 있었지만, 엄마는 장염약만 먹이면서 별일이 아닐 거라고 생각했다.

나중에 알게 된 사실이지만, 수정이의 단짝 친구였던 지민이가 수정이를 따돌리고 다른 아이와 단짝이 되면서 수정이의 학교생활은 고통의 나날이었다. 수정이가 응급실에 온 다음 날, 학교에서는 야외 견학이 예정되어 있었다. 수정이는 친구 없이 온종일 지낼 것을 상상하며 무척 괴로워했다. 게다가 지난 1년간 부모에게 힘든 마음을 표현하지 못하고 꾹꾹 억눌러왔기에 괴로운 심정을 말할 수도 없었다. 차곡차곡 쌓인 스트레스는 무언가로든 표현돼야 한다. 수정이의 표현 수단은 '두통'이었다.

통증이 아이에게 가져다준 이득

• • •

신체증상장애는 100명당 5~7명에게서 발생하고 남성보다 여성에게서 10배 높게 나타난다. 흔한 신체 증상은 통증이다. 소아·청소년 아이들에게는 두통이나 복통이 자주 나타나고 기침, 호흡곤란, 어지럼증, 가성 발작(심리적인 스트레스가 원인이 되어 나타나는 발작으로 뇌전증 증상과 유사하다)도 보인다. 다리가 마비되어 걷지 못하는 청소년이 정형외과에서 온갖 검사를 다 한 후에도 원인을 찾지 못하고 소아정신과에 온 적도 있다. 일반적으로 두 가지 이상의 신체 증상을 보이고, 심각한 정도가 다양하다. 신체증상장애 환자의 절반 이상은 우울증과 불안을 동반한다.

수정이가 처음 배가 아파 조퇴한 날 저녁, 엄마는 아픈 동생을 아빠에게 맡기고 수정이 옆을 지켰다. 복통이 뜻밖에 엄마와 함께 있게 해준 이득을 가져다준 것이다. 이것을 '이차적 이득'이라고 부른다. 처음 복통은 스트레스로 인한 생물학적 요인에서 시작됐지만, 이후에 지속된 복통과 조퇴는 수정이가 의식하지 못한 사이에 '엄마와 함께 있기'라는 이득이 생기면서 강화된 현상이었다.

응급실에 왔던 날, 수정이의 두통도 같은 맥락에서 이해된다. 친구에 대한 배신감과 서운함, 외톨이가 되었다는 두려움으로 통증이 시작됐다. 아이가 의식하지 않았지만 결과적으로 다음 날 야외 견학을 피하는 이득이 생겼고, 치료받지 않았다면 신체 증상은 강화됐을 것이다.

수정이는 부모에게 학교생활이 힘들다고 솔직하게 말하면 부모가 매우 실망할 것이고, 더는 자신을 사랑하지 않을 것이라는 잘못된 믿음이 있었다. 힘든 내색 없이 알아서 잘하는 모습에 대해서 항상 칭찬받았기 때문이다. 수정이로서는 힘들다고 말로 표현하는 것보다 신체 증상으로 표현하는 것이 부모를 실망시키지 않으면서 부모에게 의존할 수 있는 가장 안전한 방법이었다.

힘들다고 솔직히 표현해도 안전하다
• • •

수정이는 인지행동치료와 가족치료를 받았고 항우울제도 10개월가량 복용했다. 가족치료는 수정이가 아빠, 엄마 앞에서 자신의 속마음을 가감 없이 표현하도록 도와주고, 그 표현에 대해 부모가 어떻게 반응하는지 파악하고 교정해나가는 방식으로 진행됐다. 이런 과정을 통해 수정이가 평소 지니고 있었던 '힘들다고 말하면 부모가 실망할 것이다'라는 생각을 '힘들다고 솔직히 표현해도 안전하다'라는 생각으로 바꾸도록 돕는 것이다.

부모교육도 병행했다. 부모교육은 치료자가 부모에게 아이에 대한 이해를 돕고 가정에서의 대처법을 훈련하는 과정이다. 가정에서 수정이가 신체적인 증상을 표현할 때보다, 말로 기분을 표현할 때 더욱 관심을 기울여주도록 훈련했다. 수정이 같은 경우는 항암치료하는 동생 때문에 부모가 속상해질 만한 말을 하지 않을 것을 예상하고, 부모가 먼저 수정이의 마음을 읽어주도록 교육했다. 예컨대, "수정아, 엄마가(아빠가) 동생 때문에 수정이에게 신경을 많이 못 써줘 속상하지? 미안하다. 이리 와 우리 수정이. 꼬옥 안아보자"라는 식으로 표현을 먼저 해주는 것이다. 그러다 보면 수정이는 엄마가 내 마음을 알아준다는 생각에 내면의 불안이나 화를 좀 더 솔직하게 이야기할 수 있게 된다.

부모의 '아이 마음 읽어주기'가 반복되고 아이가 말로 표현할 때 적극적으로 인정받는 일이 쌓이면서 수정이는 점차 속마음을 터놓고 과거에 섭섭했던 일들을 하소연하게 되었고, 어리광도 부렸다. 두통은 점점 사라지기 시작했다. 그런데 부모에게 걱정이 생기기 시작했다. 아이가 너무 의존적으로 되어가진 않을까 하는 것이었다.

"선생님, 수정이의 어리광을 어디까지 받아줘야 하나요? 완전히 아기가 된 것 같아요."

수정이도 아직은 부모의 칭찬과 사랑이 필요한 아이일 뿐이었던 것이다. 아이에게 다 큰 어른도 가지기 힘든 의젓함을 강요해서는 안 된다.

"치료 과정에서 나타나는 자연스러운 현상입니다. 그동안의 불안과 공허감이 어느 정도 해소되면 부모에게 도움을 요청하면서도 일상생활을 더 야무지게 잘하는 아이로 발전할 겁니다."

내 설명에 부모는 다소 안도했다. 수정이는 3주 후 퇴원했고 통원 치료를 받다가 중학교 입학을 앞두고 치료를 끝냈다.

그러고 나서 병원에 진료를 받으러 온 수정이 엄마와 우연히 복도에서 마주쳤다. 5년 만이었다. 엄마가 먼저 나에게 다가와서 인사를 했다. 처음에는 누구인지 알아보지 못했다가 서서히 기억이 되살아났다. 그때 고등학교 2학년이 된 수정이가 심리학과 진학을 목표로 열심히 공부하고 있다고 전했다.

"선생님, 수정이가 여기서 치료받았던 경험에 대해 자주 얘기해요. 그래서인지 심리 전문가가 되고 싶다네요." 엄마가 뿌듯한 표정으로 웃으며 말했다.

수정이는 언젠가 자기 꿈을 이룰 것이다. 분명 그러리라 믿는다.

신체증상장애

TIP 지금 부모가 실천할 수 있는 일

☑ 신체증상장애를 호소하는 아이가 꾀병을 부리는 것으로 오해하지 말 것.
☑ 아이가 힘든 내색 없이 의젓하게 알아서 잘한다고 칭찬하지 말 것.
☑ 아이가 힘들다고 솔직히 표현할 때 더욱 경청하고 관심을 보일 것.
☑ 부모가 아이의 마음을 받아준 후, 의젓하던 아이가 어린애처럼 퇴행하고 어리광 부리는 모습을 치유되어가는 과정으로 여기고 크게 걱정하지 말 것.

16
반복해서 눈을 깜박이고 코를 킁킁대는 증상
: 틱장애

'틱'이란 자기 의지와 상관없이 갑작스럽고 빠르게
반복적으로 움직이거나 소리를 내는 것을 말한다.

갑작스럽게 찾아온 아이의 틱 증상

• • •

외래 진료를 하다 보면 바깥에 어떤 환자가 기다리고 있는지 자연스레 알게 될 때가 있다. 그날은 수찬이가 대기실에 앉아 있다는 것을 눈치챘다. 성대를 긁는 것 같은 큰기침 소리가 빠르고 반복적으로 들려왔기 때문이다. 중학교 1학년인 수찬이는 틱장애로 3년째

치료를 받고 있다. 수찬이가 나를 처음 찾아온 건 초등학교 5학년 가을이었다.

"어머님, 수찬이가 수개월 전에 비해 요새 많이 좋아진 건가요?"

내가 이렇게 묻자, 엄마는 준비했다는 듯이 재빨리 스마트폰의 동영상 재생 버튼을 눌렀다.

"네. 2~3주 전부터 좀 좋아지기는 했지만 여기로 오는 지하철 안에서도 계속 행동을 했는데……. 이상하게도 선생님 앞에서는 안 하네요. 아이의 증상이 심했을 때 동영상으로 찍은 게 있는데 보여드려도 될까요?"

프로야구 경기를 시청하는 수찬이의 뒷모습이었다. 목을 왼쪽으로 반복적으로 돌리고 오른쪽 어깨를 빠르게 들썩이는 행동이 동영상에 담겨 있었다. 옆에서 찍은 동영상에는 입을 쩍쩍 벌리는 모습도 있었다.

수찬이는 초등학교 입학 후 3~4주 동안 눈을 자주 깜박이고 코를 자꾸 킁킁거려 안과와 이비인후과에서 치료받은 적이 있었다. 알레르기성 결막염과 비염 진단을 받은 후 항알레르기 약을 단기간 복용하고 처치를 받으면서 그런 증상은 거의 사라졌다. 그 후에도 가끔 눈을 깜박이고 코를 킁킁대기는 했지만 얼마 가지 않아서 호전됐기 때문에 부모도 크게 걱정하지 않았다. 게다가 아이가 주로 환절기에 심해지다가 시간이 흐르면 약해지므로 당연히 만성적인 알레르기성 증상이라고만 생각했다.

수찬이는 4학년 겨울방학에 아빠의 본사 발령 때문에 대도시로 이사했고 전학도 했다. 유치원, 초등학교를 함께 다닌 동네 친구들과 헤어지고 모든 것이 변한 새로운 환경에 적응해야 했다. 어릴 때부터 잔걱정과 겁이 많았던 수찬이는 처음 만난 친구들과 친해지기 어려웠다. 더구나 전학 온 학교의 반 아이들은 쉬는 시간에도 밖에 나가 놀지 않을 정도로 학구열이 넘쳤다. 공부를 열심히 해도 학업 성취가 기대한 만큼 좋지 않아서 더욱 스트레스를 받았다. 수찬이는 이전에 살았던 동네와 친구들이 점점 그리워졌고, 자신이 원하지 않은 전학을 한 것에 대해 불만과 원망이 가득 차올랐다.

"수찬아, 당장 이루고 싶은 소원이 있다면 세 가지만 얘기해볼래?"라고 두 번째 진료 시간에 내가 물었을 때 수찬이는 이렇게 대답했다.

"첫째는 전에 살았던 동네로 다시 이사를 가고 싶어요. 둘째는 예전 학교 친구들과 만나고 싶고, 셋째는 지금 학교에는 안 다니고 싶어요."

수찬이의 세 가지 소원은 모두 예전으로 돌아가는 것이었다.

아이의 의지로 참을 수 있는 행동이 아니다

• • •

수찬이의 틱 증상은 6세에 시작했지만, 눈에 잘 띄지 않고 사라졌기에 알레르기 문제로 여겨졌다가, 5학년이 되어 전학을 계기로 불안과 긴장이 높아지면서 본격적으로 나빠졌다.

'틱tic'이란 자기 의지와 상관없이 갑작스럽고 빠르게 반복적으로 움직이거나 소리를 내는 것을 말한다. 운동 틱은 주로 얼굴이나 목, 어깨, 몸통 등 신체의 일부분에서 시작되는데 그 위치나 방식은 변하고 옮겨 다닌다. 눈 깜박임이 가장 흔한 운동 틱이다. 음성 틱은 자신도 모르게 이상한 소리를 빠르게 내는 것을 말하며, 킁킁거림이나 헛기침이 가장 흔하다. 수찬이도 초기 증상은 눈 깜박임과 킁킁거림이었다.

운동 틱과 음성 틱이 모두 나타나고 증상이 1년 이상 지속할 경우 투렛 증후군Tourette syndrome이라 한다. 이 병명은 19세기 후반의 프랑스 신경과 의사 조르주 질 드 라 투렛Georges Gilles de la Tourette의 이름에서 유래한다. 그의 스승이었던 신경의학자 장 마르탱 샤르코Jean Martin Charcot가 9명의 틱 증상 사례를 보고한 제자인 투렛의 이름을 기리기 위해 '투렛 증후군'이라고 부르게 됐다.

틱은 아동 중 15~20퍼센트가 보일 정도로 흔한 편이지만, 투렛 증후군은 1,000명당 3~6명 정도 발생한다. 틱 증상은 보통 4~6세

사이에 나타나기 시작하며 10~12세에 가장 심한 상태에 도달했다가, 30~50퍼센트는 청소년기 이후에 호전되고 50퍼센트는 성인기가 되면서 사라진다.

틱장애의 근본 원인으로는 유전적인 요인이 가장 크다. 한 가지 유전적 요인이 아니라 여러 유전적 요인이 복합적으로 작용한다. 가장 유력한 후보 유전자는 도파민과 관련된 유전자들이다. 이로 인해 대뇌 기저신경절 영역의 흥분성-억제성 신경계에 도파민이라는 신경전달물질의 불균형이 생기고, 운동 통제 기능에 오류가 생겨서 자신이 의도하지 않은 반복적 움직임이 나타나는 것이다.

틱의 경과는 이유 없이 악화와 완화를 반복하는 특성을 갖는다. 그래서 수개월 전 틱이 악화된 모습에 예약을 했다가(소아정신과 진료 대기는 보통 수개월이다) 진료를 기다리는 동안 아이의 증상이 완화되어 예약을 취소하는 경우가 드물지 않다. 수찬이 역시 틱이 심각해서 예약을 했지만 몇 개월이 지나 진료 시점에서 완화된 상태였던 것도 이와 같은 틱의 특성 때문이다. 아울러, 환경적인 요인과 심리적인 스트레스도 틱 증상의 악화와 완화에 영향을 준다. 심리적인 원인만으로 틱이 발생하는 것은 아니지만, 불안하거나 흥분된 상황에서 그 증상이 악화될 수 있다.

많은 부모가 아이가 틱 증상을 보일 때 아이의 의지로 참을 수 있는데도 일부러 그렇게 행동하는 것으로 오해한다. 그래서 "제발 그만 좀 할 수 없니?"라고 아이를 나무라는 경우가 종종 있다. 부모의 질책에 아이는 틱 행동을 안 하려고 애쓰는데, 이런 노력이 오히려 틱 행동 직전의 충동인 '전조 감각 충동'을 더욱 증가시킨다.

전조 감각 충동이란 글자 그대로 증상이 발현되기 전에 나타나는 전조 증상 같은 것으로, 틱 행동을 하기 직전에 올라오는 신체적 감각이다. 전조 감각 충동을 느끼면 틱을 해야만 그것이 해소되는데 충동이 많아질수록 틱을 더 많이 하게 된다. 전문가들이 부모에게 아이의 틱 행동에 대해 나무라지 말고 무관심하도록 교육하는 이유이다.

틱 행동 대신 다른 행동으로 전환할 것

∙ ∙ ∙

전조 감각 충동은 행동치료 시에 파악해야 할 매우 중요한 요소이다. 예컨대 특정 부위가 간질거리는 느낌, 몸 전체가 긴장되고 꽉 조이는 느낌, 설명할 수 없는 답답함 같은 감각이다. 틱장애 환자 중 90퍼센트 이상이 이러한 전조 감각 충동을 경험한다고 말한다. 환자가 이런 충동을 얼마나 제대로 인식하느냐에 따라 행동치료의 성공 여부가 결정된다.

틱장애의 대표적인 행동치료인 '습관 반전 기법'은 환자가 전조 감각 충동을 느낀 순간에 틱과 양립할 수 없는 '경쟁 반응 행동'을 하게 만들어 틱 행동을 중화하는 방법이다. 경쟁 반응 행동으로는 틱 행동보다 자연스럽고 사회적으로 눈에 덜 띄는 행동을 선택한다.

수찬이는 틱을 하기 직전이면 가슴 깊숙한 곳에서 답답하고 간질거리는 느낌이 올라온다고 말했다. 나는 그 느낌이 틱 행동을 예고하는 전조 감각 충동임을 반복적으로 교육하고 인식시켰다. 또한 그런 충동이 느껴지면 경쟁 반응 행동으로 '양팔을 반대쪽 겨드랑이에 넣어서 팔짱을 끼도록' 훈련했다. 수찬이는 이 방법을 무척 흥미로워했다. 팔짱을 껴 보이면서 "저 너무 건방져 보이지 않나요?"라고 농담까지 했다. 나 역시 웃으면서 "팔짱을 끼는 것이 마음에 안 들면 양손으로 깍지를 끼고 허벅지 위에 올리는 행동도 괜찮아"라며 다른 경쟁 반응 행동도 제안했다.

수찬이는 집에서도 엄마의 도움을 받아서 틱 직전의 '전조 감각 충동' 인식하기와 '경쟁 반응 행동'으로 대치시키기를 연습했다. 수찬이는 자기 의지대로 무언가 대처할 수 있는 방법이 생겼다는 것에 매우 뿌듯해했고, 부모 또한 아이를 도와줄 수 있는 방법을 배운 것에 만족했다.

틱장애는 약물 치료가 효과적이지만 행동치료를 병행할 경우에 치료 반응이 훨씬 좋아진다. 5년 전 처음 만난 수찬이 부모에게 교육한 핵심 내용은 다음과 같다.

"수찬이가 보이는 반복적 움직임은 본인의 의지와 상관없이 자신도 모르게 나오는 증상입니다. 그러니 아이의 틱 행동 자체를 나무라지 마세요. 다만 아이가 틱 행동을 통해 하기 싫은 일을 피하지 않게 해주세요. 예를 들어 숙제해야 할 시간인데도 틱 행동을 하면서 TV만 보고 있을 때는 아이에게 이제 숙제할 시간이 되었음을 주저 없이 알리세요. 틱 행동 이후의 결과가 뜻밖에도 해야 할 일이 면제되는 것이라면 아이의 틱이 강화될 수 있습니다."

수찬이는 타고난 기질적 특성상 불안이 높고 예민한 아이였다. 강박적 성향도 공존했다. 따라서 불안을 완화시키는 심리치료와 대뇌 도파민 농도를 조절해주는 약물치료를 병행했다. 부모에게는 가정에서 평상시(특히, 틱 증상을 보이지 않을 때) 스트레스에 대해 예민하게 반응하는 아이의 모습을 이해하고 특성을 공감하고 완충해주도록 교육했다.

수찬이는 이제 고등학생이다. 앞으로 수찬이의 틱장애는 자연스럽게 호전될 가능성이 높다.

TIP 지금 부모가 실천할 수 있는 일

- ☑ 아이의 틱 증상에 대해 지적하지 말 것.
- ☑ 아이가 틱의 전조 감각을 인지하고, 팔짱 끼기나 양손 깍지 같은 경쟁 반응 행동으로 틱을 대치할 수 있도록 연습시킬 것.
- ☑ 숙제해야 할 시간인데도 틱 행동을 하면서 TV만 보고 있을 때는 아이에게 이제 숙제할 시간이 되었다고 주저 없이 알릴 것.(즉, 틱 행동이 아이가 하기 싫어하는 일을 피하는 수단이 되어서는 안 됨.)

17
자동차만 그리는 아이
: 자폐스펙트럼장애 1

자폐스펙트럼장애 아이들은 의사소통과 상호작용 능력이 떨어지고,
제한적이고 반복적인 행동과 관심사를 나타낸다.

자신이 하고 싶은 것만 고집스레 하려는 아이
• • •

"내 이름은 크리스토퍼 존 프랜시스 부운이다. 나는 세계의 모든 나라와 그 나라의 수도를 알고 있고, 7507까지의 모든 소수를 기억하고 있다."

이 문장은 영국 작가 마크 해던Mark Haddon의 소설 『한밤중에 개에게 일어난 의문의 사건』 도입부에 나오는 문장이다.

주인공인 열다섯 소년 크리스토퍼는 수학과 물리학에 뛰어난 자질을 보인다. 집 안의 가구나 물건이 본래 자리에 있기를 고집하며 목록과 패턴을 좋아한다. 노란색과 갈색을 싫어하고, 두 가지 종류의 음식이 섞이면 먹지 못하며, 누군가 자기 몸을 만지면 공격성을 보인다. 농담을 이해하지 못하고, 시나 소설의 은유적 수사를 거짓말이라 불러야 한다고 주장한다.

작가는 크리스토퍼의 병명을 거의 언급하지 않지만, 독자들은 첫 장부터 그가 매우 독특하고 일반적이지 않음을 직감한다. 크리스토퍼는 아스퍼거 증후군 환자이다. 크리스토퍼는 자신만의 독특한 시각으로 이웃집 개를 살해한 범인을 추리하면서 그 과정을 통해 자신이 정한 규칙으로부터 조금씩 벗어나 더 넓은 세상으로 나아간다.

크리스토퍼는 17년 전의 민규를 생각나게 했다. 초등학교 3학년이었던 민규는 담임선생님에게 주의력 검사를 권유받아 부모와 함께 나를 찾아왔다.

아이는 수업 시간 내내 교과서나 노트에 낙서만 하고 공부에 집중을 못 했다. 수학에 흥미가 많았고 성적도 좋았지만, 국어나 사회에는 전혀 관심이 없었다. 3학년 1학기 어느 날, 모둠별로 자석을 이용하여 나침반 실험을 하는 시간이었다. 자동차를 좋아하는 민규는 실험 시간에도 자동차만 만들었고, 그런 민규의 모습에 친구들이 불평하자 민규가 화를 내며 실험 도구를 다 엎어버렸다. 그날 이후 친구들은 민규를 무서워하며 피하게 됐다고 한다. 사실 민규 부모는 아이의 집중력 문제보다 친구들과 어울리지 못한 채 본인이 하고 싶은 것만 하려는 고집스러운 행동에 대해 더 걱정을 많이 했다.

아스퍼거 증후군과 자폐스펙트럼장애

• • •

"민규야, 수업 시간에 주로 뭘 그리는 거야?"

민규가 낙서를 많이 한다는 엄마의 말에 민규를 향해 질문했다.

"다 자동차죠, 뭐!"

민규는 당연하다는 듯한 말투로 대답했다. 민규의 억양이 단조롭고 부자연스러웠다.

나는 엄마를 쳐다보며 물었다.

"어머님, 민규가 집에서도 주로 자동차를 그리나요? 혹시 사진으로 찍어두신 것이 있을까요?"

엄마는 기다렸다는 듯 휴대폰을 꺼내 민규의 그림들을 보여줬다. 주로 경주용 자동차였다. 초등학생의 그림이라고는 믿기지 않을 정도로 정교하고 세밀했다.

"민규야, 선생님이 종이를 줄 테니까 자동차 하나 그려볼래?"

"그러죠, 뭐. 어렵지 않아요."

민규는 자신만만한 말투로 대답하고는 연필을 사용해 잦은 터치로 경주용 자동차를 금세 완성한 후 브랜드 로고까지 붙였다. 영국의 천재 화가 스티븐 윌트셔Stephen Wiltshire의 작품 속 뉴욕 택시를 연상시키는 그림이었다.

현재 46세인 윌트셔는 3세에 자폐증을 진단받고 9세가 되어서야 말을 했지만, 시각적 기억력이 뛰어난 화가이다. 헬기 위에서 단 몇 분 동안 본 도심 풍경을 아주 세밀한 부분까지 모두 그려내는 것으로 유명하다. 나는 윌트셔의 작품을 무척 좋아해서 강의에서 자주 언급한다.

'아스퍼거 증후군'이라는 용어는 2013년 이후 정신장애진단통계편람DSM-5에서 삭제되고 '자폐스펙트럼장애'라는 진단명으로 편입됐다. 마크 해던의 소설 속 크리스토퍼와 민규는 둘 다 자폐스펙트럼장애를 지녔다.

자폐스펙트럼장애 아이들은 돌 무렵에 조기 징후를 보이다가 2~3세에 그 증상이 뚜렷해지기 시작한다. 즉 의사소통과 상호작용 능력이 떨어지고, 제한적이고 반복적인 행동과 관심사를 나타낸다. 미국 CDC(질병통제예방센터)의 최근 통계에 따르면 44명당 1명 정도 발생하며 남자에게서 4배 더 많이 나타난다. 한국의 자폐스펙트럼장애 발생 빈도도 2~2.5퍼센트로 유사하다. 현재 아스퍼거 증후군은 공식적으로 사라진 진단명이지만, 자폐스펙트럼장애 환자 중 언어와 지능이 정상적인 경우에 사용된 명칭이다.

자폐스펙트럼장애는 엄마 때문이 아니다

● ● ●

민규는 18개월까지 옹알이만 하다가 24개월 이후 말이 트이면서 자동차 번호판을 다 읽고 브랜드 로고를 짚어가며 모델 이름을 줄줄이 외우기를 반복했다. 대형 마트에 가서도 상품 로고를 확인하겠다고 고집해서 다른 코너로 이동할 때마다 애를 먹었다고 한다. 줄곧 자동차만 그리기 시작한 것은 유치원에 다닐 때 주차장에 즐비한 자동차들을 보고 집에 와서 그대로 그리기 시작한 이후이다.

엄마는 민규가 아스퍼거 증후군을 갖고 있으며 자폐스펙트럼장애의 일종이라는 설명을 듣고도 뜻밖에 크게 놀라지 않았다. 오히려 아이를 키우며 들었던 의문점들이 드디어 풀렸다는 반응을 보였다. 다만 그 원인이 자신 때문이라고 여기면서 흐느꼈다.

"아이가 돌 무렵일 때부터 남편과 자주 다퉜어요. 민규 아빠가 매우 고지식하고 자기주장이 강하거든요. 게다가 둘째를 임신하고 입덧이 너무 심해서 민규에게 짜증을 많이 내고 항상 아이 혼자서 놀게 내버려뒀어요. 너무 후회되네요."

나는 부모와 가족 구성원들에 대해 자세히 물었다. 그중에서 미국으로 이민을 간 민규 삼촌에 대한 이야기를 듣게 됐다. 어느 연구소의 통계학자인 삼촌은 사람들을 거의 만나지 않고 연구실에 틀어박혀 데이터 코딩과 분석만 한다고 했다. 민규 아빠는 자기 동생의 어린 시절이 민규와 매우 흡사했다고 회상했다. 이처럼 자폐스펙트럼장애는 가족력이 높은 신경발달장애이며, 유전적인 요소가 근본 원인으로 사회성을 담당하는 뇌 회로에 이상이 생기면서 다양한 증상이 나타나는 것이다.

자동차 디자이너가 된 자폐스펙트럼장애 아이

• • •

그런데도 아이가 자폐스펙트럼장애라는 말을 들으면 엄마들은 자책하기 시작한다. 아이를 직접 키우는 엄마들은 아이와 많은 시간을 함께하면서도 제대로 눈을 맞추고 놀아주지 못한 순간들을 떠올리면서, 그리고 워킹맘들은 그동안 아이를 남의 손에 맡긴 채 아이와 함께해주지 못했다는 죄책감에 휩싸이면서 말이다. 다시 말하지만, 아이의 자폐스펙트럼장애는 부모가 부족했기 때문이 아니다.

"어머님 잘못으로 민규에게 이런 문제가 생긴 게 아닙니다. 자책하지 마세요."

나는 위로를 담아 단호하게 말했다.

"선생님, 저희가 병원에 너무 늦게 왔나요? 아스퍼거 아이들은 어른이 되면 어떻게 되는 건가요?"

민규 엄마는 아이의 치료 과정과 미래가 궁금하고 걱정스러웠다.

나는 민규와 같이 지능과 언어능력이 정상인 자폐스펙트럼장애 아이들은 '또래 집단 사회성 기술 훈련'을 꾸준히 받는 것만으로도 꽤 호전될 수 있다고 말했다. '사회성 기술'이란 친구들과의 관계를 시작하고 잘 유지하는 기술을 일컫는다. 별 의미가 없는 내용이라도 친해지기 위한 일상 대화를 주고받는 기술을 배운다. 앞서 언급했듯이, 사회성 기술 훈련 중 2~3명의 친구들과 게임(예 : 보드게임)을 하면서 이긴 친구에게 칭찬의 말을 건네고, 자신이 지더라도 견디고 승복하는 훈련도 한다. 농담과 진담을 구분하며 적절히 응수하기, 자신의 이야기만 하지 않고 상대방의 이야기 경청하기도 배운다. 보통 한 사이클당 12회기~16회기(약 3~4개월)로 진행하며 또래 멤버를 바꿔가며 두세 번 사이클 정도로 훈련받는 것이 좋다. 이 정도면 최소 1년 이상의 시간이 걸린다.

민규는 초등학교 3~4학년 아이들 3명과 함께하는 집단 치료 프로그램에 참여했다. 진단 직후부터 중학교 졸업 때까지 사회성 치료를 멈추지 않고 3년 이상 지속했다. 어느 누구보다 적극적으로 치료에 임했고 즐거워했다. 프로그램에서 단짝 친구도 만들었다. 치료 시간에 터득한 대인 관계 기술을 학교에서도 잘 적용했다고 자랑스럽게 말하기도 했다. 중학교 시절에 친구와 오해가 생겨 화를 참지 못하고 식판을 던진 사건으로, 분노 조절 약물을 복용하기도 했지만 1년 만에 끊을 수 있었다. 민규와 부모가 치료에 적극적이었으며, 학교에서도 아이의 병에 대해 잘 이해하고 배려한 덕분이다.

나는 오래전부터 '자폐'라는 용어의 개정이 필요하다고 생각해 왔다. 자폐의 영문명 'autism'은 그리스어 'self'를 뜻하는 'autos'와 '-ism'의 합성어로, 스위스 정신과 의사 오이겐 블로일러Eugen Bleuler가 조현병의 증상 중 하나를 기술하기 위해 1900년대 초에 처음 사용했다. 이후 1943년에 레오 캐너Leo Kanner가 사회성이 부족하고 반복적인 행동을 보이는 아동 11명의 사례를 보고하면서 autism을 차용했고, 현재까지 쓰이고 있다. 그렇다면 autism이 어떻게 한국에서 '자폐自閉'가 되었을까? 일본 번역어 연구의 대가 야나부 아키라柳父章는 자기 저서 『프리덤, 어떻게 자유로 번역되었는가?』에서 'society'가 초기에는 '인간 교제'라고 번역됐다가 최종적으로 '사회社會'로 번역되기까지의 과정을 흥미롭게 기술했다. 우리가 자주 사용하는 '사회성'의 진정한 의미가 '사람끼리의 교제라는 것'을 제대로 이해하게 된 대목이다.

이 책을 보면 영문 원어들이 어떤 과정을 통해 일본에서 한자로 번역되고 이후 우리나라까지 건너와 널리 쓰이게 되었는지 알 수 있다. 그만큼 번역된 용어가 단어의 본질을 잘 반영하기도 하지만 제대로 반영하지 못할 수도 있다는 것을 말하고 싶다.

autism 속에 '자기self'는 포함되어 있지만 '닫을 폐閉'는 어디에도 포함되어 있지 않다. 아마 초기 한자로 번역될 당시 대인관계를 피하고 자기 관심사에만 몰두하는 autism 증상을 고려해 '폐閉'를 사용한 것이 아닐까 추측한다. 자폐라는 병명은 좌절과 두려움을 느끼게 한다. 이는 세간의 편견과 낙인을 불러일으키고 환자와 부모들에게 진단을 더욱 피하게 만드는 악순환을 가져온다. 민규 엄마가 사라진 용어인 '아스퍼거'를 지속적으로 사용한 것도 이와 무관하지 않다. 나는 '자폐'라는 용어가 병의 본질을 더 잘 반영하는 명칭으로 언젠가는 개정되기를 희망한다.

민규는 중요한 결정을 내리기 전에는 항상 내 진료실을 찾았다. 입시 준비 과정에서는 컴퓨터와 미술 사이에서 고민하다가 결국 예술대학에 들어가 디자인을 전공했다. 대학 졸업 후에 자동차 회사의 수습사원으로 입사해 디자이너 경력을 쌓고 있다는 민규가 오랜만에 나를 찾아왔다. 약간 신난 듯 자신이 디자인 중인 자율주행 전기자동차에 관해 경쾌하게 얘기했다.

"궁금하시겠지만 지금은 선생님한테 보여드릴 수 없어요. 어떤 곤충에서 착안했다는 것만 알고 계세요."

자폐스펙트럼장애의 10명 중 2~3명은 민규와 같이 언어와 지능이 정상 범주인 아이들이다. 이들의 경우 어린 시절부터 적극적으로 치료를 지속한다면 독립적인 사회생활이 충분히 가능하다는 것을 잊지 말자.

자폐스펙트럼장애 1

TIP 지금 부모가 실천할 수 있는 일

☑ 부모의 탓이 아니므로 죄책감에서 벗어날 것.

☑ 돌 전후의 자폐스펙트럼장애의 조기 징후(빈약한 눈맞춤과 호명반응)를 놓치지 않고 풍부한 사회적 자극을 줄 것.

☑ 전문적인 사회적 기술 훈련 프로그램을 지속적으로 받으면서, 가정에서도 부모가 사회적 상식과 대처법을 반복적으로 가르칠 것.

18
지능이 정상이지만
'틀린 믿음 과제'에 실패한 아이
: 자폐스펙트럼장애 2

'틀린 믿음 과제'란 사람이 자기 믿음에 근거해서 행동한다는 사실을
얼마나 이해했는가를 알아보기 위한 실험이다.

'틀린 믿음 과제'가 알려주는 것
• • •

"세리와 안나가 같은 방에 있어. 방에는 덮개가 있는 바구니와 상자가 나란히 놓여 있단다. 세리는 안나가 보는 앞에서 바구니 안에 자신의 토끼 인형을 넣었어. 그러고는 세리가 화장실에 다녀온다면서 밖으로 나갔지. 그사이에 안나는 바구니 속에서 세리의 토끼 인형을 꺼내 상자 안으로 옮겼어. 볼일을 마치고 방에 돌아온 세리

는 자신의 토끼 인형을 찾기 위해 어디를 열어볼까?"

나는 초등학교 입학을 앞둔 영진이에게 그림을 그려가며 위와 같은 내용의 질문을 던졌다. 영진이는 "당연히 상자에서 찾겠죠. 너무 쉬운데요?"라고 대답했다. 영진이는 '틀린 믿음 과제false belief task'를 실패한 것이다. 정상적인 5~6세 아동이라면 이 질문에 대해 '바구니'라고 대답한다.

'틀린 믿음 과제'란 사람이 자기 믿음(설령 틀린 믿음이라 할지라도)에 근거해서 행동한다는 사실을 얼마나 이해했는가를 알아보기 위한 실험이다. 위 내용은 영국 임상심리학자 사이먼 배런 코언Simon Baron-Cohen 박사 등이 고안한 '샐리-앤 실험Sally-Anne test'을 한국식으로 수정한 것이다. 이 실험은 '마음 이론theory of mind'을 테스트하는 매우 유명한 실험이기도 하다.

'마음 이론'이란 인간의 타고난 사회적 인지능력을 일컫는 것으로, 타인의 마음을 이해하고자 하는 동기나 능력을 말한다. 이 능력은 상당 부분 사회적 상식에 기반을 두는데, 인간은 이를 통해 타인과 상호 작용할 수 있다. 타인은 자신이 생각하는 것과 다른 무언가를 생각할 수도 있음을 깨닫는 능력으로, 3~5세 무렵에 생겨난다. 심지어 18개월 무렵의 아이도 엄마 표정을 살피면서 자기 행동을 결정하는, 이른바 '사회적 참조social reference' 현상을 보인다.

1985년, 배런 코언 박사와 동료들은 '틀린 믿음 과제'를 자폐증 아이들에게 적용했다. 정상 발달 아동들과 지적장애 아동들 중에서 '바구니'라고 대답한 비율은 85~86퍼센트였던 반면, 자폐증 아이들은 단 20퍼센트에 그쳤다.

두 돌에 숫자, 알파벳, 한글까지 읽는 아이
• • •

영진이는 24개월 무렵에 처음 내 진료실을 방문했다. 엄마 손을 잡고 들어오는 영진이의 시선은 진료실 창문의 커튼에 가 있었다. 보통 어린아이들은 진료실로 들어오면서 정면에 있는 의사와 눈이 자연스럽게 마주치고, 그 순간 약간 긴장하며 눈치를 본다. 영진이는 정면에 앉아 있는 나를 쳐다보지도 의식하지도 않았다. "영진아!"라고 불러도 대꾸가 없었고, 책상 위의 장난감 자동차로 바로 향하더니 책상에 얼굴을 댄 채 자동차를 좌우로 굴리며 바퀴 돌아가는 모습만 응시했다.

영진이 엄마와 대화를 시작했다. 엄마는 영진이가 돌 무렵부터 이상 징후를 보였다고 말했다.

"영진이 형이 자폐라서 동생에게도 같은 문제가 생기지 않을까 노심초사했어요. 영진이가 아장아장 걷기 시작하면서 사람들의 눈도 거의 안 쳐다보고 이름을 불러도 반응을 안 해서 가슴이 철렁 내

려앉았습니다. 육아 휴직도 연장하고 아이와 눈을 맞추며 열심히 놀아주는데도 여전히 소통이 잘 안 되네요."

엄마가 한숨을 크게 쉬었다. 아빠는 엄마의 등을 쓸면서 위로하듯 바라봤다.

영진이 형 이야기가 나와서 형의 상태는 어느 정도인지 물었다.

"영석이는 이번에 특수학교로 옮겼습니다. 자해 행동이 나타나서 최근에 약물 치료도 시작했는데 아직도 말을 거의 못합니다. 영진이만이라도 정상적인 아이로 잘 자라주길 바랐는데 영진이까지 형처럼 될까 봐 마음이 너무 무겁고 걱정되네요."

이번에는 아빠가 침통한 표정으로 대답했다.

나는 영진이 쪽으로 다가가 자동차를 영진이에게서 떼어놓았다. 영진이는 순간 "아악!" 소리를 지르더니 바로 뒤돌아서서 탁상용 달력 쪽으로 갔다. 그러더니 "1, 2, 3, 7" 하면서 숫자를 읊었다. 그런 영진이의 모습을 보면서 영진이가 숫자 말고 다른 글자들도 읽을 수 있냐고 물었다.

"숫자, 알파벳, 경고문, 표지판을 다 줄줄 읽어요. 저희가 가르쳐 준 적이 한 번도 없는데도요."

엄마는 이렇게 대답하면서 영진이가 거실에서 놀고 있는 동영상을 하나 보여줬다. 찢은 종이로 숫자를 만들어서 거실 마루에 펼쳐 놓는 모습이었다.

영진이는 뚜렷한 자폐스펙트럼장애 증상을 보였지만, 두 돌밖에 안 된 나이에 심각한 정도를 단정할 수 없어서 지속적으로 관찰하기로 했다. 이후 영진이는 사회성 언어 치료*와 응용행동분석 치료 Applied Behavioral Analysis: ABA**를 집중적으로 받기 시작했다.

형제의 자폐스펙트럼장애

두 돌 무렵의 영진이에게 나타난 제한적 관심사와 반복적 행동은 숫자와 활자 읽기, 자동차 바퀴 굴리기 등이었다. 관심사의 종류는 나이가 들어가면서 다른 것으로 바뀌기도 한다.

6개월이 지난 후 영진이는 말이 급격히 트였고 상당히 많은 문장을 말하기 시작했다. 다만 상대방의 질문에 적절한 대답을 하거나 서로 주고받는 대화는 원활하지 않았다. 만 3세가 되자 TV 만화 대사를 다 외웠고, 부모가 말하는 꽤 긴 문장을 그대로 따라 하는 일도

★ 상대방의 말을 따라하거나 문자 그대로 외워서 말하기는 익숙하더라도, 실제 대인관계에서 그때그때 사용하는 구어적 표현이나 관용적 표현이 서툰 경우 행하는 언어치료 기법이다. '화용언어치료'라고도 부른다.

★★ 일상생활을 방해하는 문제 행동(또는 반복 행동)을 줄이기 위해 그 행동 전과 후를 면밀히 분석해서, 문제 행동을 했을 때 이득이 없게 하여 문제 행동을 점차 줄어들게 만드는 기법이다.

있었다. 42개월 무렵에 영진이는 종합발달검사를 받았다. 언어는 또래 수준보다 높았고, 지능도 정상 범주였다. 어린이집에서 수업 시간에 잘 앉아 있기는 했으나, 자유 놀이 시간에는 혼자 구석에서 놀았다. 영진이는 여전히 또래 친구들이 좋아하는 놀이에는 관심이 없었고 숫자와 표지판 읽기, 안내방송 멘트 따라 하기, 계단 수 세기, 건물 층수 확인하기 등을 좋아했다.

하지만 영진이 부모는 특수학교에 다니며 아직 말을 거의 못하는 형과는 다르게, 말도 잘하고 두 자릿수 덧셈과 뺄셈까지 할 줄 아는 영진이가 같은 자폐스펙트럼장애라는 것에 대해 처음에는 의아해 했다.

자폐스펙트럼장애의 원인은 아직 잘 알려지지 않았지만, 자폐를 연구하는 수많은 연구자는 유전적인 요인에 주목한다. 일란성 쌍생아의 경우 한쪽이 자폐증을 지닐 때 다른 한쪽도 자폐증을 보일 확률이 80~90퍼센트에 이르고, 이란성 쌍생아의 경우 30~40퍼센트, 형제일 경우 약 17~19퍼센트 정도로 알려져 있다.

중증도까지 동일하게 유전되지는 않는다. 영진이와 영석이 형제가 바로 이에 해당한다. 같은 자폐스펙트럼장애인데도 형은 매우 심각한 중증이지만, 동생은 예후가 좋을 것으로 기대되는 경증이다.

이런 중증도의 차이가 어떤 요인에서 비롯되는지도 아직 확실하게 알려진 바는 없다. 사회성을 담당하는 수천 개의 유전자가 환경적인 요인과 결합해 사회성 뇌 영역에 문제를 유발하는 과정에서 서로 다른 회로가 영향을 받아서 중증도의 차이가 생긴다는 가설이 있다. 그에 따르면 중증 자폐증은 피질하 구조를 포함해 감각 및 감정을 담당하는 뇌 영역의 회로가 주로 관여한다. 반면에 언어 지연과 지적장애를 동반하지 않는 경도의 고기능 자폐증은 전두엽과 피질 구조를 포함해 추론 및 유연성을 담당하는 뇌 영역의 회로가 주로 관여한다.

타인의 관점에서 생각하는 능력

• • •

영진이와 영석이 부모는 자폐스펙트럼장애에 대한 개별화 맞춤 치료의 중요성을 매우 잘 알고 있었다. 두 형제에게 다른 치료 방향과 교육 환경을 제공해주느라 힘이 열 배, 백 배 들지만, 부모가 서로를 격려해가며 아이들을 치료하는 데 열정적이었다. 영석이는 최근에 특수학교에서 반장까지 맡아 나름대로 즐겁게 학교생활을 하고 있다.

취학을 앞둔 영진이의 사회성을 점검하는 차원에서 진료실에서 가볍게 시행한 '틀린 믿음 과제'는 나에게 여러 생각이 들게 했다.

타인의 관점에서 생각하는 능력이 아직은 부족하지만, 이 능력을 반복적으로 훈련할 경우 어느 정도까지 향상될 수 있을까. 영진이가 스스로 사회적 인지를 학습할 수 있는 잠재력이 충분하다고 기대했기에 나의 고민은 더욱 깊었다.

영진이는 초등학교 입학을 앞두고 시작한 '친구 입장에서 생각하기, 앞으로 벌어질 상황을 예측하기, 농담과 진담을 구분하기, 상대방의 질문 의도를 파악하기' 등을 배우는 '사회성 또래 프로그램'에 계속 참여 중이다. 이때 부모는 앞의 민규 사례에서와 같이 일상생활 속에서 사회적으로 적합한 말과 행동을 교육하는 것이 좋다. 예를 들어, 함께 영화를 본 후 "아까 주인공이 저렇게 행동했을 때 상대방이 어떤 기분이 들었을까?"라고 질문을 던진 후 아이와 보편적이고 상식적인 반응을 공유하고 배우게 하는 것 등이다.

만약 초등학교 3학년인 지금 영진이에게 '틀린 믿음 과제'를 다시 시행한다면 큰 문제없이 통과할 것으로 기대한다.

자폐스펙트럼장애 2

TIP 지금 부모가 실천할 수 있는 일

- ☑ 영유아기 자폐스펙트럼장애의 치료는 언어치료와 응용분석행동(ABA) 치료가 핵심.
- ☑ 언어와 지능이 정상적인 고기능(경미한) 자폐스펙트럼장애 아이들에게는 사회성 기술 훈련이 필수적이며, 부모가 일상생활 속에서 사회적 상식을 가르칠 것.
- ☑ 중증도가 심각한 자폐스펙트럼장애 아이들에게는 체계적인 특수교육환경을 지속적으로 제공할 것.(공립학교 특수반 또는 특수학교 진학 고려)
- ☑ 문제 행동이 심각할 경우 약물치료(자폐스펙트럼장애의 문제 행동을 위해 승인된 약물은 '리스페리돈Risperidone'과 '아리피프라졸Aripiprazole'이 있음) 사용을 권고함.

'마음 이론'이란 인간의 타고난 사회적 인지능력을 일컫는 것으로, 타인의 마음을 이해하고자 하는 동기나 능력을 말한다. 이 능력은 상당 부분 사회적 상식에 기반을 두는데, 인간은 이를 통해 타인과 상호 작용할 수 있다.

19
교우 관계에서
어려움을 겪는 경우
: 자폐스펙트럼장애 3

풍자와 유머를 이해하지 못하여
상대방이 하는 말의 의도를 오해하고 불쑥 화를 내기도 한다.

반 친구들이 다 싫다는 아이
• • •

민규와 영진이 이야기를 통해 이미 자폐스펙트럼장애일 때 아이가 보낼 수 있는 신호를 살펴봤다. 이번에는 준혁이의 이야기를 통해 자폐스펙트럼장애인 경우 청소년기 아이에게 생길 수 있는 문제와 그때 부모가 어떻게 개입해주면 좋을지에 대해서도 다루려고 한다.

지난해 중학교 3학년이 된 준혁이가 4년 만에 엄마와 함께 병원을 찾았다. 의무 기록을 열어보니 초등학교 5학년 여름방학 진료가 마지막이었다. 그동안 훌쩍 커버린 체격과 많이 변한 얼굴에 그 내용을 보기 전까지 준혁이라는 것을 즉각 알아채지 못했다.

준혁이는 36개월 무렵에 자폐스펙트럼장애를 진단받고 9년 동안 다양한 교육과 치료를 받아오던 아이다. 초등학교 5학년부터는 6개월에 한 번씩 방학 때만 만나서 점검하기로 했으나, 그 이후 병원에 오지 못했던 것이다. 나는 그동안 준혁이가 특별히 상담할 문제들이 없어서 병원을 찾지 않았던 것이기를 내심 기대하면서 반가운 목소리로 물었다.

"우와! 준혁이 정말 오랜만이구나. 그동안 별일 없이 잘 지냈어?"

준혁이에게 안부 인사를 던졌는데 엄마가 낚아채듯 대신 대답했다.

"에휴, 잘 지냈을 리가 있나요. 여러 사건이 있었지만 그냥저냥 넘어가고 지금까지 버텨왔죠. 이제 더는 안 될 것 같아서 결국 선생님을 다시 찾았습니다."

한숨을 쉬며 준혁이를 쳐다보는 엄마는 몹시 조급해 보였다.

"아…… 네, 그랬군요. 어떻게 지냈는지 아이에게도 직접 듣고 싶네요. 준혁아, 중학교 생활은 어때?"

무심하게 앉아 있는 준혁이를 향해 다시 물었다.

"잘 모르겠어요. 아이들이 다 싫어요."

준혁이는 높은 억양으로 빠르게 말했다. 변성기가 와서 약간 굵어진 목소리 이외에 말하는 방식은 예전 그대로였다.

"아이들이 싫다는 게 무슨 뜻이야?"

"다 이상해요. 음담패설이나 하고, 욕도 많이 하고. 규칙도 하나도 안 지키고······. 싫은 게 너무 많아요. 요괴들 같아요."

"아, 요괴······. 그럼 학교생활이 재미없겠구나."

"당연하죠. 학교에 가기 싫어요. 요새 코로나라서 학교에 안 가고 집에서 온라인 수업만 하니까 그나마 나아요. 그래도 가끔은 가야 해서 괴로워요. 계속 온라인으로만 수업하면 좋겠어요."

"친구들은 어때? 너를 괴롭히는 친구도 있니?"

"아이들이 말하는 걸 듣고 있으면 지저분하고 화가 나요. 선생님들은 대체 뭐 하시는지 모르겠어요. 혼내시지도 않고 답답해 죽겠어요."

준혁이는 친구들에 대해 말을 하면 할수록 말투가 격앙되고 거칠어졌다.

따돌림당하기 쉬운 '교실 내 순경'

• • •

나는 준혁이에게 있었던 '여러 사건'에 대해 좀 더 객관적인 정보를 듣고자 엄마에게 물었다.

"지금 들으셨듯이 준혁이는 아이들이 자기들끼리 놀면서 할 수 있는 음담패설이나 농담을 다 더럽게 여기고, 욕이라고 생각해요. 작년에는 반 친구가 준혁이를 '쭈녁이'라는 별명으로 불렀는데, 그걸 욕한 것으로 받아들이고 그 아이의 얼굴에 실내화를 던져서 코피가 나게 했어요. 그 일로 학교폭력위원회까지 열릴 뻔했는데 다행히 담임선생님이 잘 중재해주셨어요. 이런 비슷한 일이 소소하게 너무 많았습니다."

엄마는 결국 말하다가 울음을 터뜨렸다.

준혁이는 13개월 무렵부터 자폐스펙트럼장애 징후를 보이기 시작했다. 이름을 불러도 돌아보지 않았고, 엄마 눈을 거의 쳐다보지 않았다. 두 돌이 넘어도 말을 하지 않고 자기가 원하는 것이 있으면 그 사물 쪽을 향해 엄마 손이나 팔을 잡아끄는 식으로 표현했다.

36개월 정도에 드디어 말이 트여서 "엄마, 초코 우유 주세요" 정도의 문장을 구사했다. 게다가 길을 지나가면서 입간판에 적힌 글자를 읽고, 버스나 자동차 번호판을 다 외워서는 집에 와서 말하기도 했다. 부모는 말이 트이기 시작하자 글자와 숫자까지 줄줄 읽는 아이의 모습이 신기하고 기뻤지만, 여전히 일상 대화는 원활하지 않았다. 엄마가 물어본 질문에 대답이 아닌 질문을 그대로 따라 했고, 어른들의 말이나 만화영화 대사를 반복해 혼잣말로 읊조리는 모습을 보였던 것이다.

준혁이의 관심사는 오로지 숫자, 알파벳, 한글이었다. 엄마는 준혁이가 어린이집 아이들과 놀지 않고 책만 보려 한다는 선생님의 이야기를 듣고서 뭔가 잘못됐다고 생각했다. 그 무렵, 내 진료실을 방문하여 자폐스펙트럼장애 진단을 받게 된 것이다.

나는 준혁이를 처음 만났을 때 그 정도가 심하지 않을 것이라 예상했다. 준혁이는 부자연스러운 억양이나 말투를 개선하기 위해 사회성 언어 치료(실제 상황에 맞게 적절히 언어를 구사하고 원활하게 대화하는 훈련)와 사회성 그룹 훈련을 집중적으로 받았다.

예상대로 초등학교 입학 전에 평가한 지능과 언어 수준은 정상 범주였다. 준혁이는 학교에 입학한 후 일반 학급에서 무난하게 적응하며 생활했다. 외래 진료를 올 때마다 자신이 친구들과 어떤 놀이를 했는지, 문제가 생겼을 때 어떻게 해결했는지 스스로 자랑스럽게 얘기했다.

그러던 중 준혁이가 문제 행동을 처음 보인 것은 4학년 무렵이었다. 과학 시간에 친구들이 시끄럽게 떠들면서 실험을 하자 선생님이 아이들을 향해 엄한 표정을 지었다. 다른 아이들이 선생님의 얼굴 표정을 살피고 다들 순식간에 조용해진 반면, 준혁이만 그 상황을 이해하지 못하고 말을 멈추지 못했다. 표정을 포함한 몸짓언어의 비언어적 표현들에 대한 이해가 부족하여 생긴 문제였다.

5학년이 되어서도 교실 내 규칙을 지키지 않는 다른 학생들을 직접 지적하고 선생님에게 이르는 일이 잦아 친구들 사이에서 고자질쟁이라고 따돌림을 당하게 됐다.

정상적인 지적 수준을 가진 자폐스펙트럼장애 아이들은 종종 '교실 내 순경classroom policeman'이라고 불린다. 한번 정해진 규칙을 불변의 규칙으로 받아들이고 본인은 매우 고지식하게 열심히 지키려 하는 반면, 그 규칙을 위반한 아이를 보면 스트레스를 받아 즉시 경고하기 때문이다. 그래도 자기 말을 듣지 않으면 화가 나서 선생님에게도 알린다.

친구들이 자신에게 잔소리하고 고자질하는 아이를 좋아할 리가 없다. 이는 사고의 유연성이 떨어져서 규칙이 상황에 따라 변할 수 있고, 규칙에도 예외가 있다는 사실을 이해하지 못하기 때문에 생기는 현상이다. 그러다 보니 준혁이 같은 아이들은 억울한 일이 늘어나고 가끔씩 분노가 폭발하는 일들이 생긴다.

아이가 좋아하는 일을 잘할 수 있도록

• • •

일반적으로 사춘기인 청소년기 아이들은 서로를 짓궂은 별명으로도 부르고 반어법으로 농담도 많이 한다. 그러면서 친해지기도 한다. 준혁이는 그런 아이들의 대화가 이해되지 않았고 화가 났다.

자폐스펙트럼장애는 중증도에 따라 동반되는 문제 행동의 종류가 다르고, 그런 문제 행동이 나타나는 연령도 다양하다. 중증도가 심각하고 언어 지연과 지능 저하가 동반된 경우에는 4~5세 무렵부터 문제 행동이 시작될 수 있다. 다양한 감각에 예민하여 생활 소음에도 자극을 받아 귀를 막고 소리를 지르며 짜증을 낸다. 본인이 원하지 않는 상황이나 감각을 피하기 위해 심하게 저항하는 도중에 타인을 공격하거나 자신을 때리기도 한다.

이런 경우 행동수정요법과 함께 약물 치료를 즉시 시작해야 한다. 자폐스펙트럼장애에 동반된 자극 과민성과 문제 행동을 개선하기 위해 효능과 안전성이 입증된 승인 약물들이 있다. (앞장에서 언급한 바 있는 '리스페리돈'과 '아리피프라졸'이다.) 초등학교 이후에는 과잉 행동, 산만성, 부주의성이나 틱이 동반되는 경우도 흔하다.

중증도가 심하지 않은 아이들은 감각적인 예민성이나 문제 행동이 상대적으로 적게 나타나다가 나이가 들어가면서 점차 두드러질 수 있다. 자신이 속한 사회적 환경이 점점 은유적이고 관습적인 이해를 요구하므로 자폐스펙트럼장애 아이들의 입장에서는 혼란스러운 일들이 늘어나기 때문이다. 풍자와 유머를 이해하지 못하여 상대방이 하는 말의 의도를 오해하고 불쑥 화를 내기도 한다. 준혁이가 중학생이 되어 문제들이 자주 발생한 것이 그런 이유에서이다.

준혁이는 사회성 기술 훈련과 의사소통 치료를 다시 시작했다. 준혁이가 농담, 유머, 풍자 같은 은유적 표현을 이해하지 못할 때마다 부모가 그런 표현의 진짜 의미와 의도를 그때그때 알려줘 아이가 학습할 수 있도록 했다. 무엇보다도 아이가 예측하지 못한 상황에서 불안해하거나 화를 내는 모습, 매사에 고지식하게 표현하는 특성을 부모가 잘 이해하고 안심시켜주도록 교육했다. 이와 더불어 사소한 상황에서 왜곡해서 해석하는 피해 의식과 분노를 줄이는 약물 치료도 병행했다.

준혁이는 숫자에 강하고 코딩을 무척 잘해서 간단한 게임을 프로그래밍하기도 한다. 준혁이의 치료 목표는 모든 영역을 다 잘하게 만드는 것이 아니다. 아이가 잘하고 좋아하는 일을 제대로 할 수 있게 만들고, 대인 관계 문제는 최소화하는 것이 목표가 되어야 한다.

자폐스펙트럼장애 3

TIP 지금 부모가 실천할 수 있는 일

- ☑ 자폐스펙트럼장애 아이들은 고지식하고 유연성이 떨어져 원리원칙을 중시하기에, 친구들 사이에서 따돌림의 대상이 될 수 있으므로 또래 관계에서 유연한 대처방법을 훈련시킬 것.
- ☑ 농담이나 풍자를 이해하지 못할 때, 그 속뜻을 하나하나 풀이해서 설명해 주고 관용적 표현을 학습시킬 것.
- ☑ 사소한 것에서 오해를 많이 하고 분노가 잦을 경우 약물치료를 병행할 것.

20
잠을 안 자고 계속 뭔가를 하려고 한다면
: 아동기 조증

과대 사고란 자신의 힘과 중요성에 대해 과장되고
비현실적인 감각을 지닌 경우를 일컫는다.

우주를 지배할 거라고 말하는 아이
• • •

"세계의 모든 땅과 나라를 사고 빌딩도 다 사들여서 세계 최고의 갑부가 될 거예요. 그래서 지구, 아니 우주 대통령이 될 거예요! 달도 사고 화성도 사고 목성도 사고, 우주를 다 사서 지배하려고요."

초등학교 3학년인 준서의 소원이었다.

부모는 준서가 밤늦게까지 잠을 안 자면서 뭔가를 계속 만들고, 반 친구들과 사소한 일로 화를 내고 다투는 일이 많아져 아이와 함께 병원을 방문했다.

"이런 모습이 언제부터 시작됐나요?"

나는 준서의 태도를 살피면서 부모에게 물었다. 준서는 산만하게 진료실을 두리번거렸고, 표정은 마치 실실 웃는 것 같았다.

"3학년에 올라와서 갑자기 아이가 달라졌어요. 원래 좀 부산스럽긴 했지만, 화를 내거나 누구와 다투는 일은 없었거든요. 잠을 자라고 해도 할 일이 많이 남았다면서 종이를 접고 그 위에 뭔가를 계속 적어요. 나중에 보면 무엇을 만든 건지 도대체 모를 정도의 것들입니다. 종이에는 지구, 대통령, 우주 같은 단어들이 맥락 없이 잔뜩 쓰여 있고요. 그래도 학교에서 별문제가 없었다면 병원까지 찾지 않았을 텐데 담임선생님이 하루가 멀다고 전화를 하시네요."

준서 엄마가 한숨 섞인 목소리로 말을 이어갔다.

"실은 준서가 학교에 입학하자마자 시행한 학생정서·행동특성 검사에서 '주의를 요함'이라는 소견이 나와서 동네 소아정신과를 방문했었습니다. 그때 주의력결핍과잉행동장애ADHD를 진단받고 몇 개월간 약물 치료를 했는데 아이가 예민해지고 짜증이 늘어서 중단했습니다."

"가족 중에 감정 기복이 심하거나 우울증이 있는 분은 없으신가요?"라는 질문에 준서 아빠가 아내의 눈치를 살피며 조심스럽게 대답했다.

"준서 이모가 양극성 장애로 치료하는 중이에요. 여러 차례 입원도 했습니다. 아, 그리고 애 엄마도 준서를 낳고 산후우울증으로 심하게 고생했습니다."

면담 내내 준서는 말이 많고 빨랐다. 중간에 준서의 말을 잘 알아듣지 못해서 자주 대화를 중단시켜야 했다. 그림을 그려보기로 했다. 준서가 그린 나무는 A4 용지를 꽉 채우다 못해 결국 윗부분이 모자랄 정도로 넘쳤다. 나무에 색칠하고 싶다면서 색연필을 달라고 했다. 내가 그냥 연필그림만으로도 충분하다고 말하자 준서는 "피이, 치사해"라며 투덜거렸다. 약 20분 동안의 면담이 그리 원활하게 진행되지는 않았지만, 준서의 특성을 파악하는 데 큰 소득이 있었다.

"준서는 소원이 뭐야? 세 가지 정도 얘기해볼까?"라고 내가 물었을 때 맨 앞에 먼저 언급한 답변이 나온 것이다. "아, 준서는 우주 대통령이 되어서 우주를 지배하고 싶구나"라고 응수하자, 아이는 "되고 싶은 게 아니라 될. 거. 라. 구. 요!"라면서 음절 하나하나에 힘을 주며 큰소리로 말했다. "그럼 우주 대통령은 어떻게 하면 될 수 있지?"라고 내가 물었다. 준서는 "제가 된다고 생각하면 그냥 되는 거죠"라고 대답했다.

과대 사고와 수면장애가 주요 증상

• • •

준서가 초등학교 입학 직후에 산만했고 최근 학교에서 친구와 자주 다툰다는 이야기를 부모에게 들었을 때만 해도 ADHD 진단을 우선적으로 의심했다. 그러나 가족력을 파악하고 준서와 면담을 마친 후에 준서에게 '양극성 장애 제1형 조증삽화(이하 조증)' 진단이 가능한 상태라고 판단했다. 준서가 소원으로 얘기한 내용은 전형적인 '과대 사고'이다.

과대 사고란 자신의 생각이나 믿음을 뒷받침할 근거가 거의 없는데도 자신의 힘과 중요성에 대해 과장되고 비현실적인 감각을 지닌 경우를 일컫는다. 이런 경우 자기 신념을 말하는 아이에게 "어떻게 그것을 알지?"라는 질문을 던지면 합리적 과정이나 이유를 대지 못할 때가 많다. 준서가 "그냥 되는 거죠"라고 대답한 것과 같다.

이러한 '과대 사고' 여부를 파악하는 것이 중요한 이유가 있다. 아동기 조증은 ADHD나 불안장애, 적대적 반항장애와의 감별이 매우 어려운데 '과대 사고'는 조증에서만 특징적으로 나타나기 때문이다.

또 하나의 구별되는 증상이 수면문제이다. 아동기 조증의 경우에는 잠을 자려는 욕구가 줄고 무엇인가를 끊임없이 하려 한다. 반면 ADHD와 적대적 반항장애, 불안장애 모두 수면 욕구가 줄어드는 증상이 없다.

마지막으로 감별할 요소는 가족력 여부이다. 이모가 양극성 장애로 치료 중이고 엄마도 산후우울증을 겪었다는 사실은 준서의 진단에 매우 중요한 정보였다. 특히 사춘기 이전에 발병하는 조증이 사춘기 이후에 발병하는 조증에 비해 가족력을 지닐 확률이 3배 높다.

준서 엄마는 유전적인 요인도 있다는 이야기를 듣자 모계의 기분장애 병력이 아이의 발병에 기여했다고 여기면서 죄책감에 눈시울을 붉혔다. 나는 부모가 양극성 장애 진단을 받은 경우라도 아이에게 동일한 병이 발생할 확률은 10퍼센트 정도에 지나지 않는다고 설명했다. 즉, 유전적인 요인 이외에도 다양한 환경적·심리적 요인이 복합적으로 상호 작용하여 발병하는 것이다.

원인을 사춘기로 치부해서는 안 된다

● ● ●

아동기 조증은 100명당 1명 이내로 발생한다고 알려져 있다. 다만 사춘기 이전의 아동에게는 발달학적 문제와 여러 증상이 공존하여 진단이 까다롭다. 어릴수록 청소년이나 성인기의 양극성 장애와는 달리 짜증과 불안, 우울, 산만증 등이 섞여서 나타난다.

그러다 보니 부모들은 아이가 갑자기 반항하고 자주 화내는 모습을 치료받아야 할 증상으로 인식하지 못하는 경우가 많다. 진료실에서 많은 부모가 자주 대들고 짜증내는 아이의 모습에 대해 "선생님, 우리 아이한테 벌써 사춘기가 왔는지 요새 반항을 많이 하네요"라고 말하곤 한다.

준서 부모도 처음에는 아이가 학교에서 스트레스를 많이 받고 사춘기가 빨리 와서 자주 화내는 것으로만 여겼다. 모든 정신장애가 그러하듯 양극성 장애와 조증의 원인도 명확하지 않다. 유전적인 요소가 80퍼센트 정도 차지하고, 그로 인해 신경전달물질의 불균형이 초래되어 기분 조절에 문제가 생기는 것으로 알려져 있다.

아동기 조증을 위한 4단계 가족 중심 치료

• • •

"치료는 어떻게 진행되나요?"라고 준서 아빠가 차분한 목소리로 물었다. 나는 준서처럼 어린 시절에 조증이 발병한 경우에 어떤 치료가 최선인지 설명했다.

"준서는 우선 기분안정제를 복용할 필요가 있습니다. 아울러 가족도 아이의 치료에 함께 동참하셔야 합니다."

부모는 준서가 ADHD 치료약을 복용한 이후에 그 증상이 악화됐던 경험 때문에 약물 치료를 주저하는 듯했으나, 준서 이모의 치료 과정을 상기하며 받아들였다.

어린 시절에 발병한 양극성 장애를 치료하기 위해서는 성인과는 달리 '가족 중심 치료'가 필수적이다. 가족 내의 갈등과 문제들이 아이의 증상을 촉발하거나 악화시키거나 완화하는 데 지대한 영향을 미치기 때문이다.

'가족 중심 치료'는 아이가 조증과 우울삽화 때 각각 어떤 증상을 보였는지 충분히 이해하여 증상의 초기 신호를 파악하고, 더 심각하게 진행되지 않도록 하는 것이다. 장기적으로는 재발 없이 증상이 없는 상태가 오래 유지될 수 있는 가정환경 조성이 목표이다.

이를 위한 가족 중심 치료는 크게 네 단계로 구성된다.

1단계는 '약속 단계'로서 아이와 부모에게 치료의 진행 과정 등에 대한 정보를 제공하고 의논하는 단계이다.

2단계는 '정신교육 단계'로서 병의 특징과 원인, 치료 방법, 예후 등을 설명하는 단계이다.

3단계에서는 '의사소통 증진 훈련'을 통해 아이에게 어떻게 효과적으로 말하고 아이의 말을 어떻게 경청해야 하는지를 부모가 배운다. 이 과정에서 부모는 아이를 적절히 칭찬하고 훈육하는 방법을 제대로 학습한다. 즉, 아이가 표현하는 적절한 언행에 대해서는 적극적으로 경청하고 수용하되, 상식을 넘어서는 과격한 말(예를 들어, '다 죽여버릴 거야!' 등)이나 행동에 대해서는 단호하게 선을 긋고 "그런 말이나 행동은 우리집에서 용납되지 않는다"는 메시지를 반드시 주어야 한다.

4단계에서는 '문제 해결 기술 훈련'을 시행한다. 가정에서 벌어지는 다양한 갈등을 파악하고 그 문제에 대한 해결책을 찾아서 아이와 부모가 실제 생활에서 행동에 옮기도록 도와주는 과정이다.

준서와 부모는 가족 중심 치료를 2주 간격으로 약 10개월간 꾸준히 받았다. 그 과정을 통해 부모는 아이의 기질적인 특성과 병의 증상을 구별하는 법과 조증이 발현되는 초기 신호를 인식하고 대처하는 법을 배웠다. 준서의 초기 신호는 짜증이 늘면서 수면 욕구가 줄어 잠을 안 자려고 하는 것이었다. 준서가 더는 병원을 찾지 않은 지 수년이 흘렀다. 지금쯤 고등학교 진학을 앞둔 준서에게 어떤 꿈이 생겼을지 무척 궁금하다.

조증 아동의 가족 중심 치료를 통해 부모가 알아야 할 것
① 아이가 조증과 우울삽화에 어떤 증상을 보이는지에 대해 충분히 이해한다.
② 조증(또는 우울증) 증상의 초기 신호를 파악해서 더 심각하게 진행되지 않는 방법을 배운다.
③ 아이의 증상 조절을 위해서는 기분안정제가 꼭 필요하다는 것을 알아야 한다.
④ 기질적 특성에서 비롯된 모습과 병의 증상과의 차이를 파악한다.

⑤ 아이의 기분 변화를 촉발시키는 스트레스가 무엇인지 파악하고 대처법을 배운다.

⑥ 증상이 재발하지 않고 장기적으로 회복 상태가 유지될 수 있는 가정환경 조성 방법을 배운다.

아동기 조증

TIP 지금 부모가 실천할 수 있는 일

- ☑ 아이가 평소와는 다르게 갑자기 화를 내고 공격적인 행동을 보일 경우 단순히 부모에 대한 반항으로 여기지 말고 전문가를 찾을 것.
- ☑ 아동기 조증과 ADHD는 산만하고 말이 많고 들떠 있다는 점에서 유사하므로 감별에 주의할 것. (ADHD 치료제는 조증 증상을 악화시키므로)
- ☑ 아동기 조증에 비해 ADHD는 '과대 사고'(자신의 믿음을 뒷받침할 근거가 없는데도 자신의 힘에 대해 과장되고 비현실적인 생각을 지닌 상태)가 없고 수면 욕구가 줄어들지 않음을 알 것.
- ☑ 아동기 조증은 증상이 더욱 진행되지 않도록 초기 신호를 빠르게 파악하는 등 민감히 대응할 것.

에필로그

그럼에도 불구하고
아이는 잘 자랄 수 있습니다

아이가 잘못된 행동을 하거나 부모 입장에서 엇나간다고 생각이 들 때면 부모의 마음은 급격히 불안해질 수밖에 없다. 부드럽게 타일러도 보고, 강하게 훈육을 해도 아이가 그대로라며 하소연하는 부모들 또한 많다. 나는 이럴 때일수록 부모가 아이를 더욱 헤아리고, 믿어주어야 한다고 말한다. 부모가 걱정하는 것과는 달리 사실 아이들은 바르게 행동하고 싶은 마음이 있고, 어떤 행동이 바른 행동인지도 이미 다 알고 있다. 그러나 성장하는 과정에서 아이에게는 변화의 시간이 필요하다. 아이의 두뇌는 아직 발달 중에 있기에, 미숙한 것이 당연하다. 환경과 감정에 쉽게 휘둘려 마음만큼 행동이 따라주지 않을 수도 있다.

아이들은 의외로 부모가 자신을 무조건적으로 사랑하고 있다는 사실을 제대로 알지 못한다. 그러하기에 때때로 부모의 사랑을 테스트하기도 한다. 아이는 자신이 '어떤 행동을 해도 버림받지 않을 것'이라는 믿음이 확고할 때 비로소 건강하게 행동한다. 그러므로 아이에게 부모의 사랑과 믿음을 늘 알리자. "사랑한다, 널 믿는다……" 지겨울 정도로 반복해서 표현해야 한다. 다만, 아이를 믿고 사랑하라는 것이 아이의 모든 행동을 한없이 허용하라는 뜻은 아니다. 아이의 문제 행동이 상식적인 선을 넘을 경우에는, 아이와 부모가 미리 정한 규칙에 따르게 하고 그 책임에 대해 일관된 태도를 보여야 한다.

아이는 분명 부모가 '믿는 대로' 자란다. 이러한 사실을 마음에 품고 아이에 대한 불안과 불신을 내려놓는다면, 육아의 긴 터널을 한결 더 가볍고 힘찬 걸음으로 나아갈 수 있을 것이다.

끝으로, 책에는 진료실에서 만난 수많은 아이들의 문제 행동과 성장 과정이 각색되어 들어가 있다.

나에게 깊은 배움과 통찰을 준 환자와 가족들에게 이 책을 바친다.

***
아이들은 의외로 부모가 자신을
무조건적으로 사랑하고 있다는 사실을 제대로 알지 못한다.
아이는 자신이 '어떤 행동을 해도 버림받지 않을 것'이라는
믿음이 확고할 때 비로소 건강하게 행동한다.

아이 마음을 다 안다는 착각

초판 1쇄 발행 2022년 11월 2일 초판 6쇄 발행 2025년 5월 2일

지은이 천근아
펴낸이 최순영

출판1 본부장 한수미
라이프 팀장 곽지희
편집 김소현

펴낸곳 ㈜위즈덤하우스 출판등록 2000년 5월 23일 제13-1071호
주소 서울특별시 마포구 양화로 19 합정오피스빌딩 17층
전화 02) 2179-5600 홈페이지 www.wisdomhouse.co.kr

ⓒ 천근아, 2022

ISBN 979-11-6812-458-5 13590

* 이 책의 전부 또는 일부 내용을 재사용하려면 반드시 사전에 저작권자와
  ㈜위즈덤하우스의 동의를 받아야 합니다.
* 인쇄·제작 및 유통상의 파본 도서는 구입하신 서점에서 바꿔드립니다.
* 책값은 뒤표지에 있습니다.